教师专业成长丛书

小学语文

专题性学习活动

课 程 课 例 研 究

周金萍 主编

北京师范大学出版集团
BEIJING NORMAL UNIVERSITY PUBLISHING GROUP

北京师范大学出版社

图书在版编目(CIP)数据

小学语文专题性学习活动课程课例研究/周金萍主编.—北京：北京师范大学出版社，2019.1
(教师专业成长丛书)
ISBN 978-7-303-24269-6

Ⅰ.①小…　Ⅱ.①周…　Ⅲ.①小学语文课-教学研究
Ⅳ.①G623.202

中国版本图书馆 CIP 数据核字(2018)第 246637 号

出版发行：北京师范大学出版社 www.bnupg.com
　　　　　北京市海淀区新街口外大街 19 号
　　　　　邮政编码：100875
印　　刷：北京京师印务有限公司
经　　销：全国新华书店
开　　本：787 mm×1092 mm　1/16
印　　张：14.5
字　　数：225 千字
版　　次：2019 年 1 月第 1 版
印　　次：2019 年 1 月第 1 次印刷
定　　价：50.00 元

策划编辑：张洪玲　　　　责任编辑：赵继莹　张洪玲
美术编辑：王　蕊　　　　装帧设计：李尘工作室
责任校对：段立超　陈　民　责任印制：孙文凯

编委会名单

主编：周金萍

编委：赵乐林　王　虹　孙秋生　王　怡　贾雪芳
　　　常景凤　何桂兰　于爱民　张艳苹　吴春霞
　　　马　静　马连红　马　玲　张媛媛

序

　　提升学生综合素养成为目前中国教育改革的焦点话题，也是课程改革进一步深化的关键之处。各方教育精英从理论到实践都在做积极的探索，我们翠微小学也和教育界的同仁一样，早在五年前就开始探索、尝试，将学习与真实的生活相融，与学生对某一专题独立的、渐进的探索性学习相融，与合作、分享、展示的活动相融。尤其语文学科的教育教学，因为它是母语文化，无论是横向的政治、经济、科学、文化的方方面面，还是纵向的人类历史推演的时间轴线，语文的工具性和人文性无不渗透其中，人的语文素养，无不融贯其中。

　　这种语文素养的提高不只是阅读教学里字词句篇的学习，不只是习作里的题材、结构、语言的练习，它还包括知识、能力的整合，实际问题的解决，是语言建构与运用，思维发展与提升，审美鉴赏与创造，文化理解与传承四方面的有层次有联系，密不可分的一体化，因此语文学习仅囿于阅读和习作的 40 分钟课堂是远远不足的。它需要更高的目标，更关联的学习，更开阔的领域，更开放的视角，与孩子们实践创新的经历密切相连，与孩子们喜怒哀乐的体验密切相连，与孩子们美好幸福的生活憧憬密切相连，与中国传统文化、价值追求密切相连。我们需要迫在眉睫地补充怎样的一门课程？或更准确地说应该自然地融入怎样一些内容和方式，改进我们的语文学习，达到以上的目标，从而能够包蕴和体现这些既抽象，其实又很有实际意义的母语教育价值？

在历时五年的探索中，翠微小学众多的语文教师，从校园生活现象、社会生活焦点、中国历史文化等不同方面，并依托北师大版教材的语文天地、综合实践等内容，开拓多种路径，进行了一轮又一轮的探索，最终形成我们语文专题性学习活动的思路、策略、方法。它是一种立足于语文课程基础之上，通过学生自主地开展语文专题学习活动，以促进其语文素养的整体推进和协调发展的学习方式，力图补充和改善传统的语文学习的行为方式，因为行为方式决定思维方式，思维方式决定生活方式，生活方式体现一个人的人格修养、价值定位。

在起初两年具体教学实践中，我们这类课的设计和实施缺乏语文性、综合性、活动性，主要表现在两个方面：第一方面是实践方式并未超出语文学科课程教学的范围。换句话说，这些"活动课"算不上真正的语文专题性学习活动，变成了语文专题知识竞赛，缺乏与生活实践的联系，语文综合素养的培养远远不够。第二方面是"非语文化"现象较突出。虽然符合"活动"的特征，但活动设计主观上或客观上脱离了语文学科，孤立地搞综合实践活动，看起来是一节班队会，或是思想品德与社会等学科的综合实践课，语文学科的特质流失，看不出学生语文素养方面的渗透、训练、熏陶，导致我们常说的"种了别人的田，荒了自己的地"。最终集中在缺乏结合学生特点的高品质的内容选择与恰当的方式设计，以致语文综合实践课或散淡如同没有目的的肤浅的学生自由活动，或严谨地多次彩排，成为一台节目表演，一方表演，一方观看，没有新的思考产生，影响了语文综合实践活动高品质目标的达成。

在以后三年的教学实践中，我们逐步克服了这些问题，在内容安排上、活动方式上既注意了综合性、活动性，又将综合实践的诸多环节自然地浸润浓浓的、高品质的语文味儿，并形成了语文专题学习活动的初步体系。

首先是精要的内容选择。

有很多业界专家说"教什么比怎么教更重要"。我觉得"教什么"和"怎么教"对于小学生来说同等重要，不过"教什么"是"怎么教"的基础，"教什么"有偏差，"怎么教"就显得没有太大意义。所以不是谁比谁重要，而是哪一个是首要应该考虑的。如何选择适合学生学习，对他们发展终身有益的精要内容？首先在主题确定上，尽可能选择容易突出语文学科特色，又便于学生开展符合自身特点的活动主题。为了保证其高品质，在内容上，我们注意引导，将学生的视角引向三个方面：尽可能涉及古今中外文化层面的内容，尽可能涉及各学科融合层面的内容，尽可能引导学生走向生活和社会去观察和思考，最终能以语文听说读写能力过程式提升来统摄，而不是泛泛的、日常交往的、听说读写的呈现式进行展示。

1. 涉及古今中外文化层面的内容。这些内容应该历经较长时间的经度和较大空间的纬度，并尽可能是富有人文情感的经典内容。学生在内容的搜寻和选择上才会有空间，才会显出选择的品质，才能以其丰富的内容和内涵吸引学生，才能锻炼学生在浩如烟海的知识海洋有目的地收集整理资料的能力，让学生在收集整理资料的过程中得到高品质的知识、最本质的认识，受到情感的冲击、能力的挑战，并体验多元文化的博大精深，才能激发学生主动发现、探究，并寻找到自己的兴趣所在，发掘自己的潜能，自我发现，自我发展。

2. 涉及各学科融合层面的内容。既是语文综合实践，那就要将语文学习放在更开放的环境中，引导学生体切语文的工具性无所不在，各学科学习都需要，体切语文的人文性无所不在，各学科情感价值层面有其共通性。何况本来诸多学科知识是融合在一起的，并不分什么学科，只是方便班级授课系统地学和教，才分学科，因此恰当的时候也应该有一定的形式将之融合在一起，返璞归真，回到源头，回到原点，便于学生系统地看待问题，综合多方面知识和能力解决问题。

3. 涉及学生可触摸的生活层面的内容。能运用的知识才是最有价值的，否则知识只能在仓库里腐朽、霉烂。因此无论是涉及古今中外文化层面的内容，还是涉及各学科融合层面的内容，最终需要和学生眼中、耳中、心中的感觉联系起来，与他的情感、思维和现实生活联系起来，学生面对的知识才能真实、灵动、富有生命质感，才能将知识的学习转化为能力的提升。

这三个层面的内容不是孤立存在，而是有机融合在一起，才能达到语文综合实践课内容的高品质，否则只能在低层次徘徊，难以激发学生内在的学习兴趣，难以提升学生的语文素养。高品质的内容是学习成效的基础，没有这个作为基础，学习方式也只是空中楼阁，如同菜的品质首先来源于原料本身。打通知识与生活的联系，更要打通知识的高品质与学生生活现象背后的真实、真情的关系，让学生学习的神经触角伸张在肥沃的土地下，经历、体验、尝试、感悟、提升，获得触动灵魂的震撼。因此最终我们形成内容的三大类：一、积累运用；二、主题实践；三、问题解决。第一类积累应用包括了：中国特色语言；名言警句；古诗词文。第二类主题实践包括了两种：北师大教材每个单元后面的综合实践；读书交流活动。第三类问题解决包括了两种：学习问题的聚焦；生活问题的聚焦。由以上内容的阐述中可以看到不同的主题，在不同主题的学习中涉及方方面面的知识能力、过程方法、情感态度，以及融入其中的价值追求。

其次是互动的活动方式。

语文专题性学习活动不是简单的一节课，它是一个多方互动的过程，最终结果以课的形式呈现。因此其方式是过程性的、融合式的、活动化的。

1. 过程性。它需要学生整体参与策划，需要多方面准备内容，需要最后呈现学习成果，往往需要一个月来准备，这个准备不是作秀，而是提供充分的时空让学生经历。

学生整体参与策划，从主题的选择，到各方面内容的确定，到自愿和调剂相结合的分组和各组领取任务等。这个过程是解决问题或是完成任务的整体谋划，非常重要，着力培养学生宏观考虑问题，多角度思考，并富有创造性思维，学会解决问题。

学生分组完成任务，组长需要征求组员意见，再根据他们的特点和背后的资源安排合适的任务，并提出具体要求；组员要安排好时间，做好相应的准备，解决具体的困难等，最后还要汇总、调整、改进内容和汇报形式等。其间责任、合作、创意等诸多能力在完成任务的过程中历练，语文学科素养的培养如盐溶于水一样蕴含其中。

最后呈现学习成果，尽一切可能，以语文听、说、读、写的方式去体现自己的任务完成，更重要的是不能仅是展示，而是以恰当的方式激发其他同学新的思考，让全体同学在分享每一组学习成果时进一步会积累、会理解、会表达，并有新的创意，提升语文能力，提高实践能力和创新精神。

2. 融合式。既然语文专题性学习活动是一种活动，其方式应该是多样化的融合，自学、互学、小组合作学、向老师求教学几种方式融合；向书本学、向实践学、向别人学、反思自我学几种角度融合。

但这些方式必须与语文学科听说读写能力紧密相关，融为一体。听：听全；听取要点；听中判断。说：敢说——挑战自我敢于说出自己的想法；会说——有条理地说，有重点地说；善说——能针对对方的问题清楚地表达自己的观点；能让对方受启示，愉快接受自己的观点。读：正确地读；流畅地读；富有感染力地读。写：真实表达自我地写；有条理地写；有重点地写；恰当、自然地写。

特别重要的是听、说、读、写尽可能有机融合在一起，在一个环节能像花朵的花瓣一样，一齐绽放这些能力，而不是一个环节进行一项能力训练，将语文综合能力肢解，影响语文教学的高效益。

3. 活动化。它不是仅坐在教室里、书房中的自我思考和积累，而要与自然接触，与社会融合，与他人互动，在这个基础上有自己新的思考，能力的提高。走进大自然，不是走马观花，而是潜心观察，有发现，有感悟，有行动；与社会融合，不是浮光掠影，而是深入调查，透视现象，获得真知，投入实践；与他人互动，不是客气地交往，而是倾听别人，判断观点，阐发自我，激发别人，良性循环，螺旋上升。

尤其在最终呈现的语文专题性活动展示上，一定避免班会式的彩排，而尽可能将"展示"转化为"互动"，转化为真实的情境和相互的评议，促进源源不断的新生成，迸发层出不穷的个性思考，重视情境性，关注生成性，鼓励多样性，形成富有变化的生命化课堂。如三年级的《奇妙的石头》语文综合实践活动，学生在教师的指导下，将自己查阅和撰写的作文由原来呆板的讲述，变成了富有创意的互动活动：首先呈现她自己考察拍下的照片，并介绍在哪里、什么时间、怎么费劲拍下的；然后她问全体同学"你观察到这块石头上有什么，你还联想到什么，请精彩地表达出来，来挑战我，给你们各组两分钟时间"；其他学生在发言时，她结合自己的习作体会给予评价，老师也在一旁指导；最后她展示了自己的观察创作，请大家点评。这样的语文综合实践活动，不再是事先准备的展示，而是原有基础上的再提高，听说读写自然融合，学生始终有新的思维、新的表达、新的创意、新的生长，激发好奇心和求知欲，养成从事探究活动的正确态度，发展探究问题的能力，探究自然世界，关注社会生活，感受自我成长，获得自身个性化的发展，终身受益。

达到这样的效果离不开教师深厚的语文功底和对社会的关注、生活的理解，离不开教师对语文专题性学习活动本质和意义的把握，离不开教师对学生活动过程性关注的丝丝入扣，离不开教师对学生由扶到放的循序渐进的指导。如果我们始终如一地坚持上好小学六年的语文专题性学习活动，学生语文综合素养会是什么样的呢？其实践能力、研究能力、创新能力会是什么样子的呢？很期待！

翠微小学　周金萍

前言

重能力的培养与综合素质的提高是当今世界教育的主流。当前，我国旨在发展学生综合素质的课程改革与教学改革正在一步步推进。作为基础教育工具性的语文学科，也是母语学习，也率先卷入了改革的洪流之中。

2011 年 12 月，修订后的义务教育阶段各学科课程标准正式颁布。《语文课程标准》指出："语文课程是实践性课程，应着重培养学生的语文实践能力，而培养这种能力的主要途径也应是语文实践……语文综合性学习……有利于学生在感兴趣的自主活动中全面提高语文素养，有利于培养学生主动探究、团结合作、勇于创新的精神，应该积极提倡。"

无独有偶，《基础教育课程改革纲要》也指出："倡导学生主动参与、乐于探究、勤于动手，培养学生搜集和处理信息的能力、获取新知识的能力、分析和解决问题的能力，以及交流与合作的能力。"规定小学至高中设置综合实践活动课并作为必修课。而从去年开始，海淀区明确规定各校综合实践课程占总课时的百分之十。

以上都把语文综合实践性学习放到了非常重要的位置，提出了迫切的要求。仔细分析可以看出，一方面改革指出了明确的趋势：其一，课外活动课程化；其二，课堂教学活动化。获取知识的多少取决于学习者根据自己的经验去建构有关知识的意义的能力，而不取决于学习者记忆和背诵教师讲授内容的能力。而另一方面，在综合性学习的操作层面却没有一个明确的、可以参照的模式。因此，我们只能抱着一个美好的心愿去尝试、去努力，大家都是摸着石头过河。没有一个统一的、量化的、操作性强的标准与尺度来衡量。科学的、规范的策略与路径似乎是一个盲区。现实与理想之间似乎还有很长的路要走……

就翠微小学语文综合性学习的开展情况而言，我们开展很早，着力语文综合性学习的研究，但在研究过程中，我们发现学生还极为需要其他的学习活动，如书籍的共读交流，还有中国文化特色的专题探究。因此我们将研究拓展为专题性学习活动，它自然更多地包括了语文综合实践，它也是一种专题性学习活动。几年来，我们在这方面进行了积极的、有价值的探索。分学段，有步骤地积攒了大量课例和案例。对于内容的选择、过程的实施、师生角色的定位……我们都进行了有价值的探讨，为老师们普及开展专题性学习活动提供了方法，打开了路径。

编撰本书，也是基于我校在这方面前期的优势，做一个阶段性的总结，也是给各位同仁的一个分享，更是希望抛砖引玉。一方面促使专题性学习活动的进一步发展，使我校语文教学更加富有活力。我们希望建立与语文学科课程并行的新型综合性学习课程，扩大语文学习的外延，使得专题性学习活动体系化。将课本内外、课堂内外、校园内外联系起来，将语文学科与其他学科沟通。另一方面激发学生学语文的兴趣，培养学生的语文实践能力，发展学生特长及个性。丰富学生生活，拓展学生视野。增强学生自主意识、合作意识、创新意识，发现、发掘、发展学生潜能，培养学生实践能力、综合素质。培养学生的创新精神、创造能力，全面提高学生的语文素养。可以说，这本书既是总结，又是开始。

本书包括专题性学习活动课程方案、专题性学习活动课程纲要以及专题性学习活动课程案例三个部分。

专题性学习活动课程方案部分从开发的目的和依据，课程内容、性质、目的及开课对象，课程目标定位，课程开发的原则，课程的实施以及课程的管理六个方面清晰、具体地对专题性学习活动进行了解读，帮助教师明确

"为什么开设这门课程""这是一门怎样的课程"等问题。

专题性学习活动课程纲要叙述并列出了课程目标、课程内容以及课时计划安排。帮助教师明确"这门课程教什么""教到什么程度"等问题。

专题性学习活动课程案例包括低、中、高各个年级段的课程案例，其中包括语文综合实践课程、绘本、专题知识积累运用、经典书籍阅读等案例，每一案例都附有反思，是对课程理念的深度解读，并努力通过教学案例呈现多样化的学习方式和丰富的教学策略。

本书在成书的过程中，翠微小学诸位语文老师积极实践和参与，其间得到北京市基教研中心的帮助，得到海淀区教育科学研究院的大力支持，以及北京师范大学出版社的鼎力协助。在此，向所有关心和支持本书编写、出版的单位和同志致以诚挚的谢意！

我们衷心期望得到各位工作在小学语文战线的同行的批评、指正。

翠微小学　何桂兰

CONTENTS　目录

第一章 | 语文专题性学习活动课程方案

一、开发目的、意义及依据

(一)开发目的和意义

1. 提高语文素养，获得语文学习能力的综合发展

通过语文专题性学习活动课程，开发和利用课程资源，创造性地开展语文各类活动，增强学生在各种场合和专题下学语文、用语文的意识，培养学生语文综合运用能力、探究精神和合作态度，努力使语文学习变得更有意思，更有价值，让学生爱学语文、勤于积累、乐于表达、善于思考、用活语文。

2. 落实翠微小学文化办学的理念

通过语文专题性学习活动课程，进行人格培养：勇敢自信、博学善思、实践创新、尊重理解的翠微小学"明德笃行、自觉自为"的阳光少年。翠微小学如今已经步入文化办学的阶段，以文化建设引领学校的内涵发展已经成为了学校领导与教职员工的共识。在校训"明德至翠，笃行于微"的指引下，"培养明德笃行自觉自为的阳光少年"是翠微小学的培养目标。这样的理念，也确定了学校发展的文化特质。彰显文化特质不是靠金钱、物质的堆砌就能形成的，还是要在课堂教学中得到体现。校本课程建设就是凝练文化特色，反映文化品位的一条捷径。此次语文拓展校本课程的开发正是响应文化发展的主题，彰显翠微小学文化品位与特色的一个旅程。

3. 完善翠微小学"国家、地方、学校三级课程体系"

《基础教育课程改革纲要(试行)》指出："学校在执行国家课程和地方课程的同时，应视当地社会、经济发展的具体情况，结合本校的传统和优势、学生的兴趣和需要，开发或选用适合本校的课程。"这就是说开发校本课程应以学校为基地，根据学生的需要、兴趣，合理调整国家课程、地方课程及校本课程的比例与结构，自主开发课程。翠微小学一直认真贯彻执行国家课

程，并且在开足、开齐国家课程的前提下，深挖课程资源，使学生得到更广泛的发展。语文专题性学习活动校本课程开发正是在学校语文课堂之外的一次深层次的综合性学习和专题性学习的理性探究。

(二)开发依据

1. 政策依据

翠微小学语文校本课程开发与建设是认真贯彻教育部《基础教育课程改革纲要(试行)》(教基〔2001〕17 号)精神，《北京市教育委员会关于加强义务教育课程管理推进课程整体建设的意见》(京教基〔2009〕19 号)和《海淀区中小学校本课程开发与实施指导意见》(海教发〔2010〕19 号)的一次学校层面的实践。本课程的开发与建设是在我校语文课程教学充分完成国家规定的课程与教学任务的基础之上，根据学校的实际和学生的发展需求而进行的一次有益尝试，同时也是对国家语文课程的一次拓展与深化，培养学生语文综合运用能力、探究精神和合作态度，努力使语文学习变得更有意思，更有价值，让学生爱学语文、勤于积累、乐于表达、善于思考、用活语文。

2. 高水平的研究

校本课程的实施不是一拍脑袋就能进行，需要加强研究，保证课程的高品质。因此我校语文专题性学习活动课程以校本教研课例研究的方式运作。每一节课都采用说课、研究、修改、现场展示、专家点评、课后反思的方式进行，市里专家由不同层面的人组成，有学科方面的，有课程开发方面的，有课堂文化研究方面的，这样就能充分保证语文专题性学习活动课程的价值，保证学生良好的学习效果。

3. 课程资源丰厚

新课程标准中强调语文综合实践，我们的专题性学习活动课程包含了这一内容。教师精心选择内容，进行整合，进行巧妙设计，深受学生喜爱。

二、课程内容、性质及开课目的、对象

(一)课程内容

语文专题性学习活动课程内容按年级段分为三级，详见下表。

语文专题性学习活动课程内容

年级 内容	低年级	中年级	高年级
知识积累型	归类常用词语、浅显成语、儿歌、古诗积累	名言警句和诗文归类积累	诗文和中国特色语言（成语、谚语、歇后语、对联等）
专题实践型	语文课本上综合实践内容，语文阅读课的问题和现实问题的融合探究		
书籍阅读型	读好给班级配备的图书，共读展示、家长讲坛、名家讲坛、走进图书馆（每个年级段规定阅读的篇目）		

(二)课程性质

校本限定必修课。一到六年级每月一次（长线作业，集中展示）。

(三)开课目的

翠微小学开发语文校本课程的目的主要体现在两个方面：首先，通过多方面拓展的语文活动，让学生爱学语文，勤于积累，乐于表达，善于思考，用活语文，提高语文素养，获得语文学习能力的综合发展。其次，通过语文专题性学习活动课程，进行人格培养：勇敢自信、博学善思、实践创新、尊重理解的翠微小学"明德笃行"的阳光少年，彰显翠微小学文化品位与特色。

(四)开课对象

一至六年级全体学生。语文专题性学习活动课程分三类，知识积累、专题实践、书籍阅读贯穿整个小学语文学习历程。各年级根据教材特点、学生特点，自定适度的内容。低年级侧重词语积累、绘本阅读、口头表达；中年级侧重诗词积累、综合实践、讲故事、动物故事阅读；高年级侧重中国特色语言积累、综合实践、人物传记阅读、2分钟演讲。

三、课程目标定位

(一)情感、态度与价值观目标

通过语文专题性学习活动课程的学习，开发和利用课程资源，创造性地开展语文各类活动，激发学生对语文的学习与探究的兴趣与愿望，增强学生在各种场合和专题下学语文、用语文的意识，培养学生语文综合运用能力、探究精神和合作态度，努力使语文学习变得更有意思、更有价值，让学生爱学语文、勤于积累、乐于表达、善于思考、用活语文，从而进一步认识语文学习的特点与规律。

(二)过程与方法目标

以上目的需要以语文学科学习为背景，选择主题，获得信息，有效整合，开展活动，听说读写，人人参与，互动提升。

(三)知识与能力目标

了解广阔的语文知识，提高信息处理和转化的能力，听说互动的恰当的口语交际能力，阅读书籍，并和自己的生活经历有机结合，有自己独到的认识，真正能走进生活学语文，更好地提升自己的生活品质。

四、课程开发的原则

1. 目标多维，突出学科

语文专题性学习活动因其实践性、综合性的特点，其目标是多维融合的，主要是培养学生综合素质，同时要突出语文学科听说读写能力的培养。

2. 内容适合，形式丰富

主题和内容的选择首先要符合学生的认知规律，采用的形式要符合学生的特点，情趣与价值相融。

3. 注重个性，全员参与

每一个学生都要参与到活动中，依据他们的特点，或深或浅、或多或少的参与进行，建立人人参与的方式和机制，有布置，有检查，有展示，有评价。

4. 常态积累，活动展示

语文专题性学习活动课的展示前期需要大量的准备，是一项长线作业，在这个过程中寻找材料，确定方式，积累表达，互动提升。每一节语文专题性学习活动课基本是 1 个小时，容量大，展示互动多，锻炼学生多方面能力。

五、课程的实施

(一)实施原则

在实施校本课程中要突出体现三个结合：一是国家课程与校本课程相结合，使国家课程与校本课程相互补充、相互渗透，形成整体，基础扎实，个性特长得到充分发展；二是学校教育与社区教育相结合，打破只有在学校才能受到教育的传统观念，活动内容根据有效性进行选择；三是校本课程评价与学科评价并重，促进学生健康、全面的发展。

（二）实施支持与保障

1. 培训支持

学校会定期或不定期地组织相关教师参加培训，主题涉及学校文化建设、校本课程建设、教法培训等。培训方式可以采取专家进校的方式，也可以采取校外培训的方式，具体视情况而定。

2. 资金支持

学校每年设立专项资金 20000 元，用于校本课程的开发与实施、教师培训、对外交流、材料与书籍的购置等。教师在课程开发与实施过程中必需的费用有权申报，得到校本课程委员会的审核批准后，必须专项使用。

3. 氛围支持

学校已经进入了文化办学的阶段，学校文化的价值追求正通过各种各样的途径内化为每一位师生的价值追求，而且，已经取得了初步良好的效果。在校园中学生能有很多展示的空间和活动，方便学生的交流与学习。这些，无疑为语文拓展校本课程的开发与实施提供了一个优良的课程文化生态，共同推进语文专题性学习活动课程走向成熟。

（三）实施步骤

依照以上原则，分步骤有序、高质量推进：

启动期（2011—2012 学年度第一学期）——选择试点，专家指导。

任务：报名和指定人选相结合，探路，按年级段做研究课。

指标：

1. 低、中、高年级各一节，共 3 节拓展课，有设计，有展示，有反思，有改进。（按这样的条目汇齐：教学设计、演示文稿、收集资料、反思研讨、调研评价、学生作品、录像和照片）

2. 初定语文专题性学习活动课纲要。

本学期已经完成部分工作，低、中、高年级各出了一节研究课，并请北师大专家参与研讨和指导，让老师们了解，激发老师的想法和智慧，为系统规划和推进提供一个触点。这 3 位做课教师还要按要求写出反思和第二次教学设计，寒假完成。

推进期（2011—2012 学年度第二学期及 2012—2013 学年度第一学期）——系统规划，逐步推进。

任务：

1. 反复研讨，确定纲要。

根据"语文专题性学习活动课程内容三级三体系"内容，参考三节研究课的设计和反思，各年级教研组长和行政组长商议，征求组里教师意见，确定上、下学期三个方面的具体内容。

年级段语文教学主任协调好两个年级的拓展内容，注意循序渐进，不重复，不拔高。语文教学主管协调好六个年级三个方面内容的衔接，注意系统性和科学性。

2. 实践探讨，总结反思。

通过研究课和年级活动开展进行。研究课规定为知识积累型、专题实践型、口头表达型、阅读书籍型，确定内容和形式，尽可能使德育内容与语文学科内容有效整合（个别环节略作修改就是一节班队会和德育活动），减轻教师负担，将事情做精，做出水平。

3. 常态积累，点滴渗透。

三个方面内容的展示一定基于平常点滴时间的渗透和积累（如早读、管理班、每天午休时间积累），尽可能避免运动式的，因为这会让师生很累，而且学生也不容易真正积累牢固。

指标：

1. 每个年级每学期三类专题性学习活动课，有设计，有展示，有研讨，有反思，有改进。（按这样的条目汇齐：教学设计、演示文稿、收集资料、反思研讨、调研评价、学生作品、录像和照片）

2. 相对系统的课程纲要。

深化期(2012—2013 学年度第二学期)——有效调整，科学改进。

任务：

继续完成推进期的几项任务，在原有基础上使内容和形式调整更科学，时间安排更合理，成果固化更上水平。

指标：

1. 修改纲要，科学细化，制定出系统严谨的课程纲要。

2. 对原有的专题性学习活动课进行调整，注意内容上的专题性和循序渐进的难度安排。

3. 每个年级出 3 类专题性学习活动课各一节。

4. 每个年级段教学主任完善课程纲要，写出开发方案，整理出语文拓展课的各项资料。（教学设计、演示文稿、收集资料、反思研讨、调研评价、学生作品、录像和照片）

固化期（2013—2014 学年度第一学期及 2013—2014 学年度第二学期）——推广实施，进行验收。

任务：

1. 在前两年试验的基础上，每个学期，每个班级依照固化的专题性学习活动课设计，进入常态化教学，边实践，边修改，知识积累型、专题实践型专题性学习活动课每学期各一次。口头表达型和阅读书籍型可以班级为单位，也可以年级为单位。专题性学习活动课进行的环节和内容放在平时常态化逐项进行积累和准备。

2. 分专题、分年级，内容相对固定，难度循环上升，落实到具体人员，具体内容，持续跟进、逐渐改进。

3. 每个年级和班级都配备了相应符合学生年龄特点的书籍，如何开展常态化和阶段性展示，各年级本着全员性参与和实效性原则，融入家长和社会资源，拿出实施方案。

指标：

1. 每位老师建立一个文件夹，包括教学设计、演示文稿、收集资料、反思研讨、调研评价、学生作品、录像和照片。

2. 建立年级语文专题性学习活动课资源包，按教学设计、演示文稿、收集资料、反思研讨、调研评价、学生作品、录像和照片，系统归类。

提炼期（2014—2015 学年度第一学期）——整理资料，进行梳理。

任务：分门别类进行资料的汇总和整理，建立全校语文专题性学习活动课的系统资源包，并形成研究报告。

指标：

1. 分层、分级、分条目建立全校语文专题性学习活动课的系统资源包，并请专家指导和评议。

2. 对几年的语文专题性学习活动课情况进行全面总结，形成含金量高的研究报告，能够给予下面进一步精化和深入地研究铺垫，也给其他学校这方面的研究以借鉴。

六、课程的管理

（一）成立翠微小学语文专题性学习活动校本课程管理委员会

遵循校本课程开发与管理相结合的原则，保障翠微小学语文专题性学习活动校本课程的顺利开发与实施，特成立了以校长为组长的校本课程管理委员会，负责校本课程的指导、审议、监督、评估等工作。翠微小学语文专题性学习活动校本课程开发成员及分工如下：

组长：许培军

副组长：周金萍

成员：周金萍　李红　王虹　吴春霞　赵乐林　何桂兰　于爱民

（二）建立语文专题性学习活动校本课程管理制度

建立翠微小学校本课程管理制度，行使其交流、督导、监控、激励功能，以保证校本课程的顺利开发与实施。

（三）评估

建立多元质量评估体系，融入学生学业自我评价，进行学生学业自我发展的研究。

1. 过程性评价

之前做好调查问卷和访谈提纲或监测题等文档工作。

（1）不同层次学生学业自我评价；（每次专题性学习活动课，每一类找 5 个人）

（2）不同层次家长调查访谈；（每次专题性学习活动课，每一类找 2 个人）

（3）课堂设计和观察；

（4）同伴评价和反思，随每次活动结束后立刻进行，做好会议纪要。

2. 阶段性评价

（1）"知识伴我成长"语文学科竞赛融入其中部分内容。

（2）课题展示和总结汇报。

（3）获奖或成果发表统计。

（4）资源包利用率评估。

第二章 | 语文专题性学习活动课程纲要

一、课程目标

(一)情感、态度与价值观目标

通过语文专题性学习活动课程的学习，开发和利用课程资源，创造性地开展语文各类活动，激发学生对语文的学习与探究的兴趣与愿望，增强学生在各种场合和专题下学语文、用语文的意识，培养学生语文综合运用能力、探究精神和合作态度，努力使语文学习变得更有意思，更有价值，让学生爱学语文，勤于积累，乐于表达，善于思考，用活语文，从而进一步认识语文学习的特点与规律。

(二)过程与方法目标

以上目的需要通过以语文学科学习为背景，走进社会，选择主题，获得信息，有效整合，开展活动，听说读写，人人参与，互动提升，提高整体语文素养。

(三)知识与能力目标

了解广阔的语文知识，提高信息处理和转化的能力，听说互动的恰当的口语交际能力，阅读书籍，并和自己的生活经历有机结合，有自己独到的认识，真正能走进生活学语文，更好地提升自己的生活品质。

二、课程内容

语文专题性学习活动课程内容

内容＼年级	低年级	中年级	高年级
知识积累型	归类常用词语、浅显成语、儿歌、古诗积累	名言警句和诗文归类积累	诗文和中国特色语言(成语、谚语、歇后语、对联等)
专题实践型	语文课本上综合实践内容和语文阅读课的问题和现实问题的融合探究		
书籍阅读型	读好给班级配备的图书，共读展示、家长讲坛、名家讲坛、走进图书馆。(每个年级段规定阅读的篇目)		

三、课时计划安排

　　语文专题性学习活动课程和一般的语文课堂教学不一样，它需要更多的时间让学生走进社会，走进自己关心的话题，在老师、家长和朋友的协助下，独立完成自己制定的任务。最终通过一节语文课交流、分享、展示。由于课时紧张，所以我们每学期安排 3 次这样的课，一学年 6 次。但一节展示交流课前期的准备需要的时间很长，有的半个月，如专题知识积累；有的一个月，如书籍阅读；有的一学期，如语文综合实践及口头表达。

　　1. 一年级

类别	第一学期内容	第二学期内容	时间
口头表达	比尾巴	我爱吃的水果	各 40 分钟
口头表达	介绍自己	小兔运南瓜	各 40 分钟
绘本阅读	《小猪唏哩呼噜》	《365 夜故事》	各 60 分钟
绘本阅读	《花婆婆》	《窗边的小豆豆》	各 60 分钟

　　2. 二年级

类别	第一学期内容	第二学期内容	时间
专题积累	20 个成语（植物）	40 个描写四季的词语	各 40 分钟
专题积累	20 个成语（动物）	关于四季的古诗	各 40 分钟
口头表达	我喜欢的一本书	看图讲故事：猴子坐船	各 40 分钟
口头表达	营救小兔	讲自己喜欢的童话故事	各 40 分钟
绘本阅读	《我的爸爸叫焦尼》	《逃家小兔》	各 60 分钟
绘本阅读	《丁丁历险记》	《小狐狸买手套》	各 60 分钟

　　3. 三年级

类别	第一学期内容	第二学期内容	时间
专题积累	叠词	"春天的脚步"诗词	各 40 分钟
专题积累	《诗情画意》写景古诗	"奇妙的动物世界"成语积累	各 40 分钟
综合实践	"生活中的错别字"交流	走进船的世界	各 60 分钟
综合实践	"春节的习俗"交流	独特的特产	各 60 分钟
口头表达	夸夸家乡好景色	智慧用在哪	各 40 分钟
口头表达	说说春节习俗今何在	森林的过去、现在与未来	各 40 分钟
阅读交流	"安徒生的丑小鸭"	"我喜欢的一本好书"交流 1	各 60 分钟
阅读交流	"走近冰心"拓展阅读	"我喜欢的一本好书"交流 2	各 60 分钟

4. 四年级

类别	第一学期内容	第二学期内容	时间
专题积累	吟咏月亮的古代诗句1	描写花、水的诗文	各40分钟
专题积累	吟咏月亮的现代诗文2	描写时间景物的语言	各40分钟
综合实践	走进桥的世界	奇妙的石头	各60分钟
		话说地名	
综合实践	翠微地区实访	北京有趣的地名故事	各60分钟
口头表达	介绍少数民族的习俗	介绍一个游戏的规则	各40分钟
口头表达	说说我们的收获	金钱与快乐的关系	各40分钟
阅读交流	《三十六计》	《音乐逸事——作曲家和演奏家的精彩故事》	各60分钟
阅读交流	"我喜欢的一本好书"交流1	"我喜欢的一本好书"交流2	各60分钟

5. 五年级

类别	第一学期内容	第二学期内容	时间
专题积累	"马"的成语、名言	感悟龙文化	各40分钟
专题积累	寓言故事	表达爱国情怀的宋诗	各40分钟
综合实践	走进水的世界	××的工作访谈调研	各60分钟
综合实践	北京水资源	我们去旅行	各60分钟
口头表达	陌生人求助　帮与不帮	家长不让玩游戏对与错	各40分钟
口头表达		沟通没有解不开的结	各40分钟
阅读交流	阅读小报制作和交流	"我喜欢的一本好书"交流	各60分钟
阅读交流	林海英作品阅读	"聊斋"的对比阅读	各60分钟

6. 六年级

类别	第一学期内容	第二学期内容	时间
专题积累	梅花名言名篇积累赏析	中国历史遗迹探索	各40分钟
专题积累	竹名言名篇积累赏析	端午节话题	各40分钟
综合实践	关于"责任"的社会调研	毕业典礼设计展示	各60分钟
综合实践	奥林匹克运动	毕业纪念册设计展示	各60分钟
口头表达	课本剧表演《丑公主》	辩论：生命的微弱和强大	各40分钟
口头表达	辩论：读万卷书，行万里路，谁更好？	在学校的最后一天	各40分钟
阅读交流	阅读小报制作和交流	阅读小报制作和交流	各60分钟
阅读交流	"我喜欢的一本好书"交流	名人传记阅读分享	各60分钟

低年级

走进成语世界 *

【研究内容】

古人说："凡人有记性，有悟性。自十五以前，物欲未染，知识未开，则多记性、少悟性；十五以后，知识既开，物欲渐染，则多悟性、少记性。"十三岁以前是记忆的黄金时段，这段时间记住的东西，可能一辈子也忘不掉。抓住学生的黄金记忆期，让学生熟记一些经典语言，会使他们受益匪浅。成语是我们中华民族悠久历史文化的一部分，是我们中华文库的瑰宝，它有丰富的内涵，深远的意义，读起来朗朗上口。低年级段的学生正处于知识的启蒙阶段，我们可以结合低段学生的特点，从积累、记忆、运用一些浅显易懂的成语入手，丰富学生的语言，培养学生的兴趣，为学生日后更好地学习语文知识奠定基础。

【教学目标】

1. 通过多种方式积累成语，让学生喜欢积累，喜欢运用。
2. 引导学生自觉主动地学习、积累、运用描写人物的成语，体会成语的魅力，锻炼学生的思维能力，激发学生学习语文的兴趣。

---

* 该案例及教学反思的作者为李颖。

【教学重点】

通过多种方式积累成语，让学生喜欢积累，喜欢运用。

【教学难点】

引导学生自觉主动地学习、积累、运用描写人物的成语，体会成语的魅力，锻炼学生的思维能力，激发学生学习语文的兴趣。

【教学准备】

1. 查找本册书（二年级下册）中出现的成语。
2. 利用早自习和中午时间背诵、积累成语。
3. 在班中开展"讲成语故事"大赛，让每个学生参与。
4. 准备教学课件。

【教学过程】

一、回顾复习，展示积累成语

导语：课前同学们的成语接龙展示了一、二年级近两年时间里积累的丰富的成语。5月我们还进行了"讲成语故事"的活动。同学们讲了很多源于神话故事、寓言故事、历史故事的成语。我们还积累了许多带有十二生肖、数字、人体器官名称等普通生活中常见的成语。这节课让我们围绕描写人物的成语，积累、运用并感受它的魅力吧。

【设计意图：通过老师的导语，帮学生梳理、归纳课前积累的成语。】

二、聚焦人物成语，积累运用

1. 情趣引入，体会成语的魅力

师：老师说一句话，请你们猜一猜说的是咱们班的谁。（要求认真听，根据特点，猜出人物，并听一听句子中用了几个成语）

（1）听句子，猜一猜。

第一句：你看他长得虎头虎脑，鼻子上架着一副小眼镜，显得文质彬彬。

第二句：眉清目秀的她在学习上一丝不苟，在运动场上生龙活虎。

学生根据句子猜同学，并找出其中的成语。

【设计意图：通过句子中的人物描写猜本班同学这一环节，激发了学生的兴趣。听句中用了几个成语，训练学生认真倾听，从句子中准确捕捉信息的能力。】

（2）读一读，比一比，哪句好？

【设计意图：通过对比，让学生感受到在句子中运用成语，可以使句子更加生动、具体。】

（3）总结：描写人物时，运用形容人的外貌、动作、神态、心理的成语，能够使句中人物的特点活灵活现地跃然纸上，使句子更加生动精彩。

2. 用心选择，找出描写人物的成语

（1）出示学过的成语，开小火车读一读。

幻灯出示题板。

（2）拿出"趣味成语积累卡"，结合大屏幕上的要求，完成上面的第一题。

要求：A. 边找边用"——"挑出哪些成语可以用来描写人物。

　　　 B. 全组讨论，补充完善。

　　　 C. 评价学生的答案并出示正确答案。

（3）读读这 12 个描写人物的成语。（适当解释和评价）

【设计意图：通过读让学生复习、巩固学过的成语。通过选择描写人物的成语，帮助学生区分成语所表达的意思以及描写的范围。对于二年级的学生，选他们学过的成语作为突破口，难易适度，易于他们理解和选择。】

3. 成语游戏闯关，加深理解

（1）游戏一：我来做你来猜。

A. 游戏要求：选 5 名同学上前抽签，根据所抽的成语做动作。

气喘吁吁　摇头晃脑　目瞪口呆　若有所思　垂头丧气

B. 试用这些成语说一句话。

【设计意图：通过表演的形式让学生加深对成语的理解，帮助他们体会运用成语能更加生动、准确地表现人物的动作、神态、心理等特点。】

（2）游戏二：看图猜成语。

A. 出示图片：用哪个成语来形容？你能围绕图片说一句话吗？

B. 图片"跳水王子田亮的表情"。

a. 你们看著名的跳水王子田亮的表情，用哪个成语形容最恰当呢？（用抢答方式说）

b. 老师说成语，同学做表情。

c. 猜一猜：为什么会有如此的表情？

教师总结：一个人的表情是丰富的，这么丰富的表情如果能用更丰富的成语来形容它，将会极其生动、形象。看看这个成语世界是不是妙趣横生，别有一番情趣呢？

C. 看图片，听故事猜成语。

听故事《三毛》，体会三毛心情，观察表情。

【设计意图：通过观察图片中人物的表情，猜出人物的心情，并能运用成语准确地表达，进一步加深对成语的理解，感受成语在表现人物时的魅力。】

(3)游戏三：用成语写句子。

师：用一个成语说句子难不倒大家，现在游戏有了新的进展，用两个成语来说一个句子，想试试吗？（请听要求：组长抽签，请你造一个句子，要合理用上组长抽中的两个成语，看看谁写得最好，展示给大家）

A. 把刚才运用的描写人物成语卡送给大家，选择粘在"趣味成语积累卡"上。

B. 练习造句。

C. 小组交流，选出大家最喜欢的句子。

【设计意图：这三个游戏的设计，体现了对学生不同梯度的要求。遵循了"从易到难"的原则。"游戏三"难度加大，让学生把两个成语串起来造句，不仅锻炼学生的表达能力，更训练了学生对成语合理运用的能力。小组合作交流，帮助了有困难的孩子，让每一个孩子在学习中有所收获。】

(4)游戏四：回忆课文填一填，哪个成语形容最恰当。

【设计意图："游戏四"的设计从课外又回到课内，在学生对课文原有理解的基础上，用成语概括人物的精神品质，帮助学生体会成语在表现人物品质上的作用。】

三、总结课内，延伸课外

1. 总结：今天我们积累了许多描写人物的成语，运用这些成语我们可以描写人物的外貌、动作、神态、心理以及人物的品质等。其实成语世界里不仅有"成千上万、不计其数、种类繁多、数不胜数"这些常见的成语，还有很多很多，需要我们不断积累。

2. 知识拓展：这节课我们学习的成语都是四个字的，你们知道吗？成语可不仅仅有四字的，还有像"既来之，则安之""五十步，笑百步""千里之行，始于足下""己所不欲，勿施于人"这些六字的、八字的，有的成语甚至达到十个字以上。

3. 作业：积累不同字数的成语。

【教学反思】

走进成语世界

6月20日上完《走进成语世界》，我们班的小赵哲郑重其事地问我："李老师，今天我们的课上得怎么样？"我反问："你觉得怎么样呢？"她还没有说话，后面的鹏鹏笑着说："我觉得挺好的，我很喜欢！"要知道鹏鹏是我们班一个成绩不是很理想的孩子。在学习上，老师、家长真是为他费尽了心思，上课能专心听讲一直是我和家长所期待的。今天，他能主动告诉我这节课上得挺好的，真令我喜出望外。那一瞬间，我突然感觉这节语文专题性学习活动课一定深入了他的内心，引起了他的共鸣，提起了他的兴趣。也许这就是绿色课堂的价值和魅力，它激发了每一位学生的学习兴趣，让学生在课堂中除了学习知识，更提高了语文素养和能力。

其实，这节课让我纠结很久，从接受任务到最终站在讲台上把它完成，教案不知改了多少遍，光涉及的成语我都不知道查了多少个，从每一个四字词语是不是成语，到这些成语什么意思，再到应该如何运用，我都是反复推敲，力争在课堂上的教授准确无误。

这节课凝聚集体智慧，在反复修改的过程中，同组的郝倩老师、周忻老师一遍遍帮着我听教案，一次次帮我指导，同样承担授课任务的张继欧老师也多次和我一起说课。周校长更是在百忙中一次次到西校区同我们研究，一遍遍帮我修改教案，细致到逐字逐句。

这节课让我的观念不断转变。记得刚接到任务时，我就把"语文专题性学习活动课"当作"没有仪式的班队会"，认为只要老师写好教学内容，让学生精心排练，再到课堂展示就可以了。可是在和周校长一起研究、说课的过程中我明白了"专题性学习活动课不是一节单纯的活动课，要上成语文课，要有语文味儿。既要像语文课一样对学生有基础知识的训练，又要高于一节普通的语文课，让孩子在学习知识的过程中，调动兴趣；在活动的过程中，增强语文素养和能力。"随着深入备课，我最初的设计理念也在不断被推翻，开始时设计在一堂课上"全面开花"地让学生了解成语，介绍成语分类，背诵成语接龙，讲成语故事；后来缩小范围，把课定位于"聚焦描写人物的成语"，切入点缩小了，思路也更加清晰。反思这节课，在教学设计上我重视了以下几点。

一、从课文中的成语入手

虽然所教班级的同学平时积累了近百个成语，对成语也有了一定的理解和认识，但是深入理解和运用的能力不强。又因为这次展示的是二年级学生，所以根据孩子的年龄特点和知识掌握的程度，我把本次课中描写人物成语的范围尽量缩小到孩子们学过的课文中。这一设计让孩子在选择成语的环节降低了难度，在理解成语的环节能比较深入，在运用成语的环节能突破难点，更加准确。

二、以游戏贯穿始终

兴趣是最好的老师，低年级孩子更需要激发兴趣，所以在课堂上我以游戏的方式贯穿始终。如"我来做你来猜""看图猜成语""听故事猜成语""成语巧填空"等游戏让学生在快乐中学习成语，在快乐中理解成语，在快乐中运用成语，也在快乐中积累成语。

三、理解和运用结合

课堂上，我通过图片、漫画、表演等形式让学生观察人物的外貌、动作、神态等，并选择合适的成语进行表达。孩子们结合自己的生活经验在观察的过程中充分理解了成语的意思，并能运用成语造句。例如：看人物的表情猜成语的环节，就是让孩子通过观察，想象人物此表情产生的原因，并让孩子联想说句子。这一设计将理解和运用相结合，培养了孩子的学习能力。

这节课让我在历练过程中不断走向成熟。在周校长的指导下，在反复修改教案的过程中，我逐渐明白一节语文专题性学习活动应该注重学生在课堂上学到什么，生成什么，收获什么。在课堂上，我带着孩子从不会到会，从会到精，有梯度地进行训练，让每一位孩子真正成为课堂的主人，打造出一个名副其实的个性化绿色课堂。

【附件】

趣味成语卡

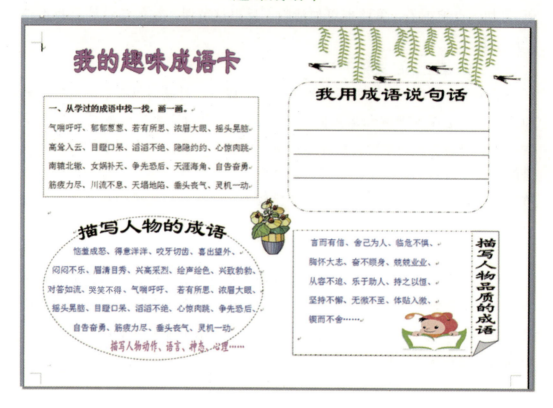

我的趣味成语卡

一、从学过的成语中找一找，画一画。

气喘吁吁、郁郁葱葱、若有所思、浓眉大眼、摇头晃脑

高耸入云、目瞪口呆、滔滔不绝、隐隐约约、心惊肉跳

南辕北辙、女娲补天、争先恐后、天涯海角、自告奋勇

筋疲力尽、川流不息、天塌地陷、垂头丧气、灵机一动

我用成语说句话

描写人物的成语

恼羞成怒、得意洋洋、咬牙切齿、喜出望外、

闷闷不乐、眉清目秀、兴高采烈、绘声绘色、兴致勃勃、

对答如流、哭笑不得、气喘吁吁、若有所思、浓眉大眼、

摇头晃脑、目瞪口呆、滔滔不绝、心惊肉跳、争先恐后、

自告奋勇、筋疲力尽、垂头丧气、灵机一动

描写人物动作、语言、神态、心理……

言而有信、舍己为人、临危不惧、

胸怀大志、奋不顾身、兢兢业业、

从容不迫、乐于助人、持之以恒、

坚持不懈、无微不至、体贴入微、

锲而不舍……

描写人物品质的成语

词语乐园*

【研究内容】

词语是句子的基本元素，也是低年级段的教学重点。词语的种类繁多，与春天有关的词语与时令相结合，与学生生活息息相关，与一年级教材贴合，梳理写景方面的词语——春天篇，可以启发学生梳理其他季节、其他种类的词语，教会学生举一反三。

---

* 该案例及教学反思的作者为于爱民。

【教学目标】

1. 面向全体，让不同特点、不同程度的学生都有思考、展示的机会；通过自主、合作、探究活动使学生在原有的基础上得到发展。

2. 通过多向交流让学生爱学、会学、乐于运用，丰富学生的语言积累，提高阅读、写话能力。

【教学重点】

面向全体，让不同特点、不同程度的学生都有思考、展示的机会；通过自主、合作、探究活动使学生在原有的基础上得到发展。

【教学难点】

通过多向交流让学生爱学、会学、乐于运用，丰富学生的语言积累，提高阅读、写话能力。

【教学准备】

借春暖花开之际走进大自然，感受自然界的美好，用相机留下难忘的瞬间；收集写景方面的词语、佳句，按照季节分类。

【教学过程】

一、个性化赏析

1. 出示学生的摄影作品进行个性化赏析。

2. 在导学卷上把自己想说的话写下来。

3. 出示部分学生的看图写话。

4. 小组内评议，代表汇报。

5. 教师评价，渗透多元化思想。

（师：三位同学表达得虽然不一样，但效果都一样好。因为他们在表达时都运用了阅读和生活中学到的知识和积累的词汇。）

6. 图文对照，边读边联想，有感情地朗读同学的写话。

7. 润色加工自己先前的表达。

【设计意图：通过导学卷这种方式让全体学生参与，通过评价鼓励学生将学习与生活紧密联系起来，自我修改的过程体现了参与的深度，为学生提供了发展的空间；教师从多角度选取学生写话内容，尊重学生的个性化认知，在帮助学生理解的基础上体会表达效果，使读与写有机结合。】

二、看图写词语

1. 出示图片，认真观察，调动积累。

出示：

2. 在导学卷上写下相应的词语，不会写的字可以用拼音代替。比一比谁写得多。时间为 4 分钟。

3. 学习小组内交流、订正、补充、汇总。时间为 5 分钟。

4. 统计各个学习小组汇总的词语数量。请优胜组展示成果，其他同学补充。

5. 评选最优词语。

【设计意图：词语是句子的基本元素，也是低年级段的教学重点，看图写词语为学生之前的积累提供了展示的舞台。在规定时间内完成使学生能够看到自己与他人的差距，迎头赶上。小组间的比拼可以促进团队的合作，发挥核心成员的作用，释放正能量。同学间的多向互动丰富了词汇量，营造了学习气氛，为今后的句子教学奠定了基础。】

三、遣词造句

1. 出示词语，感受春天的美好。

2. 选词造句。

3. 展示自己平日积累的描写春天的佳句。

4. 模仿自己喜欢的佳句修改自己的造句。

【设计意图：图片作为辅助教学的手段经常在低年级的课堂上出现，但我们毕竟要从画面当中回到现实生活，凸显语文学科的特点。选词造句让学生对自己居住的小区、街道、公园、校园更加关注，进而融入生活大课堂。最初的表达离不开借鉴与模仿，描写春天的佳句如诗如画，让人赏心悦目，学生一定能够从中找到自己喜欢的句子，并模仿着例句推敲自己的表达，最终达到提升的目的。】

四、拓展延伸

1. 进一步修改自己的表达。

2. 仿照与春天有关的词语的展示方式，任选另外三个季节中的一个，筹备展示方案。

【设计意图：与春天有关的词语的展示是对学生前一段学习的小结，也是对下一段学习的开启。4 人学习小组中的核心成员会根据课堂流程分工筹备。教师也会随时关注各个学习小组的进展。今后的课堂将是学生的舞台。】

【教学反思】

观察　积累　运用

2012 年 4 月 24 日，我和 42 名学生冒雨前往本校，为北京市教科院基教所四位专家及兄弟学校的部分教师展示近两个月来一年级学生参与的海淀区"个性化教学"课题研究的成果。一节课上，师生之间、生生之间通过写景方面的词语交流、互动力求体现语文专题性学习活动课"多样化作业的个性与适度"。

通过专家评课、现场互动、周金萍校长解读等环节，我反思了整个教学过程，总结得失，希望能够给他人和自己今后的教学带来启发。

1. 学生喜欢通过自主、合作、探究活动的方式参与学习

教育面对的是不同的人。教育工作者要承认差异的客观存在性：尊重孩子的学习差异，接纳孩子的学习差异，善于发现并了解孩子的学习差异；根据孩子的特点采取对应的措施，设法超越差异、缩小差异，进行个性化教学。

经过接触、了解，我把不同程度（性格、学习成绩）的学生分成 4 人学习小组，希望开展教学活动时能够面向全体，让不同特点、不同程度的学生都能积极参与学习，有思考、展示的机会，使他们在原有的基础上得到发展。实践证明：学生在 4 人学习小组中，在与同桌交流、互动中自然而放松，有自我表现的欲望；为了小组的荣誉能够互相帮助、优势互补，学习效果显著。

2. 教学板块的设置要符合学生的认知水平

就一年级学生的认知水平而言，一节课 40 分钟，只涉及写景板块，由个性化赏析开始，经过一系列交流、互动，最终再回到个性化表达上，即"春天来了……"写出学生对春天的感悟，之后再借窗外的春雨畅谈感受才不会辜负这场春雨。正所谓：治学贵专，不专则广览而不精，博阅而不深，只能得皮毛而失其本质，知其形而忽其实，懂其表而不识其内涵。

3. 低年级段教学更需要发挥教师的作用

"多元化作业"专题研究经过策划落实阶段、实践活动阶段、展示交流阶段。根据前两个阶段学生的表现看，他们爱学、会学、乐于运用，教师只要用心倾听，捕捉学生发言当中的闪光点就能带动大多数学生；同样，发现学生的问题，也能把问题当成反面教材。

教师不能仅停留在重复学生的精彩发言上，应该高于学生，所以教师在备课的时候应该充分考虑每个问题的多元化答案，以备课堂之需。

4. 观察有方法，教师要授之以法

本次语文拓展课的关键词是观察、积累、运用。观察有方法，如：观察景物要联想，静态动态细端详；形状颜色和气味，联系生活多想象。这些方法一年级的学生并不能得心应手地使用，需要老师有重点地解读。如果说课堂上学生的看图写话不尽如人意，主要是因为老师没有适时、适度地对观察方法进行讲解，结课前也没有对学生提出明确的修改要求。

教学是教与学的交往、互动，师生双方相互交流、相互沟通、相互启发、相互补充。教师在学生不具备相关知识或一知半解之时要系统地教。无论是课程改革的今天，还是网论大行其道的今天，教师的教都是极其重要的。

【附件】

《词语乐园》导学卷

1. 出示学生的摄影作品，看图写话，不会写的字可以用拼音。

2. 运用阅读和生活中学到的知识和积累的词汇修改看图写话的内容。

3. 出示表现春天的图片，看图写词语，不会写的字可以用拼音。

4. 出示描写春天的词语，选词造句。

5. 从同学推荐的佳句中摘抄自己喜欢的描写春天的句子。

6. 借鉴与模仿摘抄的句子修改自己的造句。

读书使我快乐 *

【研究内容】

能力的发展取决于良好的阅读能力。美国的一项研究表明，孩子对书产生兴趣的时间很短，一般在七八岁到十一二岁之间，错过了这个阶段，孩子的兴趣将会转移到其他事情上，所以老师和家长要抓住这个关键期培养孩子读书的习惯。低年级的学生主要是从兴趣的角度去读书，教师应从读什么和怎么读上给予具体的指导。鼓励他们去读自己喜欢的课外书——这就好比让一个在封闭的屋子里干活干久了的人，到鸟语花香的园子里散散步一样，让阅读成为习惯。

【教学目标】

1. 通过分享读书的快乐，激发读书兴趣，培养读书习惯。
2. 学习好的读书方法，学习用剪报进行积累。

【教学重点】

通过分享读书的快乐，激发读书兴趣。

【教学难点】

学习好的读书方法。

【教学准备】

教师：收集读书的资料供学生选择，备好书签、课堂反馈表。
学生：搜集名人读书的故事，准备好要推荐的好书。

---

* 该案例及教学反思的作者为张继欧。

【教学过程】

一、分享读书的快乐

1. 观看视频

【设计意图：承上启下，回顾"让书香伴我成长"活动是如何开始的。】

2. 趣味测试

请你闭上眼，用手势回答三个问题，是的请举手示意。

【设计意图：进一步激发学生的读书兴趣，全员参与，调动课堂气氛，让每一个学生感受到读书是光荣的，增加读书的自信心。】

3. 读书使我快乐

(1)请获得"勤劳的蜜蜂"光荣称号的代表谈谈读书带来的快乐。

【设计意图：榜样的力量是无穷的，身边的榜样更有说服力和影响力，发言的人有光荣感，听的人有收获，生生互动才有生成。】

(2)学生互评：

要求：自己发言声音洪亮，同学发言要认真倾听，小组评价。

【设计意图：自由发言，全员参与，培养学生评价能力的同时也检查了学生倾听的效果。】

(3)学生做典型发言。

二、创造读书的快乐

1. 读书要读好书

师：读一本好书，就像交了一个益友。你有什么好书推荐给大家呢?

(1)学生推荐自己读过的好书。

【设计意图：来自学生的信息是有可信度的，他们是同龄人，体验、感受容易产生共鸣，另外，能与大家分享读过的好书本身就是一件快乐的事，上台发言也是展示自我的好机会。】

(2)老师推荐好书。

【设计意图：老师的推荐有引领作用，让学生感知老师也看学生读的书，老师是他们的朋友，有共同语言，可进一步增进师生关系，扩大学生读书视野。】

2. 读书要有方法

(1)讲名人读书小故事《徐特立三字读书法》。

【设计意图：经典的东西是有生命力的，对学生来说是有很好的启发作用的。】

（2）学生郑丹铭介绍自己读书的小秘密。（有制作好的PPT）

【设计意图：她是班级公认的小书迷，有一定的威信，对学生读书有一定的影响力。】

（3）学生互评：她表现怎么样？

（4）学生自由发言：介绍自己是怎么读书的。

【设计意图：人人参与，读书是个人体验，不能代替，每个人的感受都可以进行交流，增加参与意识。】

3.读书要有积累

（1）展示《优秀写话集锦》，表扬主动积累的同学。

【设计意图：通过展示，让学生看到自己的成长与收获，增加读书的动力。】

（2）小组活动：分组赏析并评出最佳格言，每组选1人。

【设计意图：让读书成为习惯，通过每人写一句激励自己读书的格言，大胆自信地讲出来，来进一步提高学生读书的兴趣。】

（3）把书签作为礼物发给每个人，让他们把自己喜欢的新格言记在学习卡上。

三、评价表扬

【设计意图：通过这节课，让学生知道自己的优势是什么，要向哪些学生学习，明确下一步自己该怎么做，培养评价能力。】

四、总结延伸

【设计意图：把课堂延伸到课外，让读书伴随孩子生活的每一天。】

【教学反思】

雾里看花与云开月明

通过上《读书使我快乐》这节课，我真正体会到什么是"守得云开见月明"，它是一种坚持和永不放弃的精神，意思是说只有坚持到底的人，才能等到拨云见日、云散月明的一天。从接到任务，到收集整理资料，到数度修改教案，到最后的逐字逐句推敲语言，可以说是一个痛苦的蜕变过程，值得骄傲的是我们坚持住了。真的感谢组长郝老师和本组老师的支持，更庆幸有周校长在，一句"周日我有时间看你的教案"，我便觉得所有的辛苦都不算什么了。周一烈日下，周校长又从本校跑到西校区，刚落座就开始说课了，望着教案中的红色批注，我被周校长严谨求实的科学精神深深感动着。如果说这节课能为阅读教学开一个好头，那么周校长就是我们老师在科研路上继续走下去的引路人。反思这节课，我有几点体会。

一、教学目标的达成情况

从课堂实录来看，本节课基本上达到了教学目标，即通过分享读书的快乐，激发读书兴趣，培养读书习惯，同时学习好的读书方法。兴趣是学生最好的老师，课堂上的掌声可能是老师的鼓励，但笑声一定是学生发自内心的，这样的课堂才真正走入了学生的内心世界。"我没有做到第三点，没有在看书的时候积累好词好句。""我特别想读他推荐的书，恨不能现在就看。""我要向她学习，多读书，说不定我也能成为翠微之星呢。"……听到这质朴的语言，谁不被孩子的童心所感动呢？

二、教学环节的设计

本节课教学环节的设计有两条主线。一是交流分享。通过交流分享读书带给我的快乐，进一步激发读书兴趣，培养读书习惯。二是创造读书的快乐，即用好的读书方法提升读书质量。在学生的学习卡上有"这节课我最大的收获"一栏，共 4 个选项：

1. 通过与大家分享读书的快乐，我更喜欢读书了。（11 人）

2. 我知道读书要做到"量、恒、勤"。（10 人）

3. 我在小组内交流时更自信了，还学会了怎样评价别人。（2 人）

4. 我找到了假期要读的好书。（14 人）

从这组数据可以看出这节课的实效性，值得一提的是自信和评价虽不是本节课的重点，但只有两人（就是做专题发言的两个人）选此项，反映出老师平时在这方面的工作是不够的。这是一项长期的工作，要在每节课上都有体现，日久天长自然会有成效。

三、需要改进的地方

在教学环节的设计上还是有需要改进的地方，比如：趣味测试的题目设计，小组交流赏析评选自编格言的具体要求，怎样激励更多的学生大胆表达自己的想法，对每个环节时间的把控，内容再聚焦，不面面俱到，等等。另外，我还想说说课堂的生成，语文拓展课是不能试讲的，所以课堂上我常常被孩子的思绪带走，学生的一言一行牵动着我的心，虽说这是一种投入，但对设计好的环节做应变处理时不够顺理成章，需要进一步增强自己的临场反应与处变能力。

我愿意做第一个吃螃蟹的人，因为不是每个人都有这样的机会。雾里看花虽美，但怎比云开月明舒畅？在如何培养学生读书习惯的研究上我才刚刚开始，正如周校长常说的"我们在路上"，还需继续加油。

【附件】

《读书使我快乐》学习卡

交流分享提升	具体内容
课前背诵	数字成语　名言警句　对韵歌
分享读书的快乐 小组活动	读书使我（　　　　　　　）；我的读书格言：
我想读的书	《晚上的浩浩荡荡童话》《可爱的鼠小弟》 《了不起的狐狸爸爸》《丁丁历险记》 《你看起来好像很好吃》《小精灵的秋天》 《豆蔻镇的居民和强盗》《胡萝卜种子》 《大个子老鼠小个子猫》《窗边的小豆豆》 《爷爷一定有办法》《小学生感恩故事》 《小故事，大道理》《小猪唏哩呼噜》 《影响孩子一生的 81 个感恩故事》
我喜欢的新格言	
这节课我最大 的收获	1. 通过与大家分享读书的快乐，我更喜欢读书了。 2. 我知道读书要做到"量、恒、勤"。 3. 我在小组内交流时更自信了，还学会了怎样评价别人。 4. 我找到了假期要读的好书。
拓展作业	读 2～3 本好书；学做剪报。
我想表扬	

一个不能没有礼物的日子*

【研究内容】

绘本图文并茂，又被称作"图画书"，对小学低年级学生具有很大的吸引力。其中富含节奏、幽默诙谐、拟人夸张的语言也符合低年级学生的年龄特点。绘本中与生活密切相关的故事情节特别能够引起学生的情感共鸣，让他们可以在无压力的状态下，带着好奇、兴奋的心情融入绘本的故事情境中，自然而然地产生了阅读的兴趣。教师通过有意义的提问和引导，培养学生的思维能力和口语表达能力。

在教学实践中，绘本阅读的价值在于它可以让阅读变得轻松愉快，改变语文教学沉闷的现状；可以提高学生的审美能力、语言能力，培养学生的想象力；可以增长知识，提高学生的认知，培养健康的品格和良好的习惯。

【教学目标】

1. 通过阅读发现感受有悬念故事的趣味，激发学生的阅读兴趣，培养学生图文结合的阅读习惯。

2. 通过阅读故事，感受亲情的温暖，懂得礼物不在昂贵华丽，而在于别人需要，同时锻炼学生的语言表达能力。

【教学重点】

通过阅读发现感受有悬念故事的趣味，培养学生图文结合的阅读习惯。

【教学难点】

感受亲情的温暖，把自己的感受准确地表达出来。

---

* 该案例及教学反思的作者为马连红。

【教学准备】

制作 PPT，为每位学生准备便签纸。

【教学过程】

一、悬念入题，渗透读法

1. 导入

同学们，今天我们又要开始绘本阅读之旅了，今天要读什么故事呢？大家一起读读书名——一个不能没有礼物的日子。

2. 谈话质疑

师：什么样的日子不能没有礼物呢？有没有通过插图来推测的？

生：圣诞节。

【设计意图：让学生关注书名和封面，提高学生的阅读期待，渗透绘本阅读的方法。】

3. 阅读要求

那我们快来读一读这本书！看看你有什么发现。

友情提示：同学们，别把书撕了、折了，也不要乱画，因为这本书是我们全年级同学都要读的书。

现在就开始你的发现之旅吧！学生自由阅读绘本故事。

二、尝试阅读，整体感知

汇报交流：

1. 读完这个故事，你有什么发现？

2. 读完这个故事，你还发现什么问题了？

3. 为全家送礼物的圣诞小小孩到底是谁呢？你怎么知道就是小熊呢？

【设计意图：绘本阅读要有层次，学生初步阅读后的交流可以为学生提供交流表达的机会，为进一步阅读做好准备。】

三、深入阅读，畅谈感动

1. 听录音讲故事

这是故事的悬念所在，现在让我们一起再来听听这个故事。请你认真听录音、仔细看手中的书，拿出便签纸，在能发现圣诞小小孩就是小熊的那页贴上一个便签纸做标记，方便一会儿我们和同学交流自己的发现。

【设计意图：绘本阅读教学中渗透深入阅读的方法，教师根据不同故事特点，设计适合学生和文本的阅读任务。】

2. 交流发现

现在和同学一起分享你的发现，你怎么知道就是小熊给家人送礼物呢？

发言时要说清楚多少页。大家认真听，他说到哪页我们就翻到哪页。如果他说的这页刚才你没有发现，就在这页再贴上便签纸。

3. 教师小结

图文结合，使我们确信就是小熊为大家送的礼物。结合生活来理解故事也是好办法，因为好的故事都是从生活中来的。

四、回顾故事，梳理线索

同学们，请用手势告诉老师你们一共有多少处发现，哇！最多的有 10 处。刚才老师在听同学们交流的时候看到了你们的发现，有这么多的插图，有这么多的文字。

1. 梳理线索

这一幅幅画面、一句句话给我们许多温暖的感动。让我们再来读一读故事中那些温暖的文字。

师引读，学生接读。

2. 教师小结

无论什么时候，我们都可以准备礼物，什么样的礼物都可以表达爱。礼物不一定是华丽的、昂贵的，但一定是别人需要的。小熊理解爸爸妈妈，了解自己的家人，知道他们需要什么，所以送出了最好的礼物。

3. 展开联想

如果你家也是这种情况，你就是这只小熊，你会怎样为家人准备礼物？准备什么样的礼物？

五、依托情境，拓展阅读

今天我们读了绘本《一个不能没有礼物的日子》，你们都特别喜欢这本书。它的作者是台湾绘本作家陈致元。陈致元的绘本作品都特别有趣，还很温馨动人，喜欢他作品的同学还可以读一读《阿迪和朱莉》《咕叽咕叽》和《小鱼散步》。

我们的绘本之旅到此告一段落，期待下次的美好旅程，下课同学们。

【教学反思】

让学生成为绘本阅读课堂的主人

翠微小学进行绘本教学研究已经是第三个年头了，之前我只是作为旁观者，这次是自己真正站在绘本教学的课堂上，虽然前面已有大家的实践经验，但第一次亲身的实践还是颇有感触的。绘本的选取、组织学生阅读和讨论、关注阅读习惯，这些都需要将学生放在首位，把学生当作绘本阅读的主人，教师需要思考学生的阅读兴趣、认知水平和成长需要，持续地关注和调整，绘本阅读才能真正发挥价值。

经历了三次《一个不能没有礼物的日子》的教学，现从选取教材、环节设计和课堂评价三方面对绘本教学经历进行反思。

一、绘本的选取

低年级的学生适合阅读童话题材的作品。故事内容应贴近学生的生活，如果能与学生的日常生活相似会更好，"文学源于生活，还要高于生活。"这句话可以放在这里提示我们故事背后应蕴含着一定的智慧或哲理，能引领学生的精神成长。一本适合学生阅读的绘本首先应当是一本出色的文学作品。应尽量选取大师的作品，翻译名家、有口碑的出版社和信得过的出品人都是我们选择绘本作品的依据。如果故事内容富有悬念，画面平实，格调温馨，富有情趣，语言简洁、明快，将更加吸引学生。

经验一：

本节课选取的绘本是一个比较成功的教本，故事极富悬念，处处埋有伏笔。绘本本身吸引学生，这节课的价值就超越了课的本身。它将激发学生的阅读兴趣，学生的阅读活动将延伸到课外，同时能提高学生的阅读品位，让他们面对良莠不齐的图书世界，能够凭直觉选取"好书"。

二、环节的设计

改进一：

第一次上课，在初读课文之前，我设计了对绘本阅读方法的指导、认字方法的指导、爱护图书的提示等一系列的问题和导语，这些环节对学生作用不是很大，倒不如省下来留给学生去阅读。学生之前有阅读绘本的经历，他们的阅读期待很强烈，不如直入主题，让学生尽快地开始阅读。在绘本阅读课上，教师要尽可能地给学生充分的阅读发现的时间。

所以在第二次上课时，我让学生简单猜想一下课题中可能会说的是什么日子后就开始阅读了，课堂静了下来，学生阅读的时间更长了，后面交流的阅读感受也就更多了。

但第三次讲课时，问题又来了，我让学生"赶快开始阅读吧"，并没有提出让学生有所发现，再加上读完故事我问学生有什么发现时，没有给足学生时间畅所欲言，所以这是学生初读故事后畅谈发现显得最不活跃的一次。

所以对于这样一个极富悬念的故事，一定要在初读故事前告诉学生"读读这个故事，看看你有什么发现"，学生就会明白自己阅读的同时要做什么，才能沉下心来发现。

改进二：

第一次上课时，对于这个故事阅读后的交流分为两部分：你有什么发现？你有什么感动？学生在谈发现的时候争先恐后，将近 15 分钟的汇报时间远远不能满足学生畅谈发现。当让学生再次阅读，来说说有什么地方令他们感动时，大家举手来说的还是"我发现什么地方能够知道就是小熊给大家送了礼物"。

由此可见，这个故事的悬念是最突出的特点，而感动似乎离学生的认知还有一定的距离。从哪里能发现是小熊为家人送的礼物，这个问题作者处处都埋有伏笔，越读越能将一连串的伏笔发现出来，不细致地看一看还真难找到。

因而我将本课的交流环节设计为：你从哪儿知道是小熊为家人送了礼物？说说你的发现。在这些发现当中，学生无法关注到的感动，教师通过让学生观察、想象、推测、描述、朗读等环节拉近学生与人物之间的距离，在走进情境、走近人物的过程中感受作者所传递的故事中家人之间了解、理解、相亲相爱的感人情绪，让这种感动流动在言语中，流淌在课堂上，自然而然地把这个感动人心的故事通过教学活动写进学生的心里。借助故事情境师生畅谈发现，在这个过程中学生是主角，故事是主旋律，感动应运而生。

三、课堂的评价

1. 认知的提升

改进三：

第一次上课时板书是这样设计的：

> 一个不能没有礼物的日子
>
> 小熊　　　　爱家人
>
> 送礼物　　　做小事

这些词是大而空的，放在任何一个故事、一个人物身上都是通用的，这几个词远离了学生心中的小熊，也远离了他们口中那一个个精妙绝伦的发现。那么这个板书根本没有达到提升学生认知的作用，它只是在自说自话。

所以要重新审视这个故事，这个故事究竟对一个 8 岁的孩子有什么样的现实意义和启示呢？

哦！一个人在任何时候都是可以为别人送出礼物的，无论是贫穷还是富有。而送给别人的礼物也不一定都是华丽的、昂贵的，只要是别人需要的就好。小熊送给家人的礼物大家都视为珍宝，觉得惊喜，那是因为小熊了解自己的家人，它理解爸爸妈妈才煞费苦心地为大家准备了圣诞礼物。

之后板书改为：

> 一个不能没有礼物的日子
>
> 理解、了解家人的小熊
>
> 送别人需要的礼物

这就是站在学生的角度来思考这节课的每个环节，站在一个人成长的角度，而不是以一个说教者的身份来教育别人要"爱家人""做小事"。

当我追求学生在课堂上每一个环节的读、听、说的真实效果时，我才能沉下心来与学生交流。于是课堂上学生把熊爸爸在圣诞节前夜听到小熊说"圣诞老公公每年都会为我们送礼物，今年他一定也不会忘记"后为什么会有那样的表情，理解为"爸爸猜到小熊要给大家送礼物"时，我慢慢地向学生谈了自己的理解："同学们，我作为一个母亲，特别理解熊爸爸此时的心情，当我的女儿特别希望一件事情发生，而我却知道事实一定会让她失望时，我的心里会非常地担忧，怕她因失望而难过，我也会因为自己无力帮助她实现愿望而自责。我想此时熊爸爸就是这种自责又担心的复杂心情吧！"

教室里静悄悄的，一位老师，除去知识，肩上一定还肩负着带领学生精神成长的任务，我这样发自内心的独白，就是想要引领学生精神的成长，获得一种认知上的提升。

2. 方法的提炼

改进四：

第一次上课时，学生在初读课文后说自己的发现，有一位学生说："小熊送给姐姐的礼物是她荡秋千时落在公园里的雨伞；送给哥哥的礼物是以前的风筝弄破了现在已经被补好；送给妈妈的礼物是她心爱的衣服上丢掉的纽扣；送给爸爸的礼物是他捡树枝时被风吹掉的帽子。"

当时我的评价只是简单的一句："你发现了家人收到的礼物是什么？"

这样的评价只是一种简单的概括，没有对学生进行具体表扬。其实这位同学的表达非常精彩，他在朗读一遍后就能记住每位家人收到的礼物，还能用上书中的语言，这是一个出色的表达示范，应当在班级提倡，鼓励大家都能在阅读后记住一些重要的内容，积累、运用书上的语言进行表达。

教师应当发现学生在学习过程中一些有效的方法，教师提炼后通过评价语言肯定这种方法，同时在全班提倡这种学法。

在第二次和第三次上课时，无论学生在什么地方说出小熊一家收到了什么礼物或者大段大段地引用故事中的语言时，我都对他的发言进行肯定和提倡："你读了故事，记住了这么多的内容，有这么精彩的表达！有哪些同学也能像他这样记住和表达？"全班同学通过这样的评价明确了阅读故事要记住相关的内容，还要学习用故事中的语言来表达，接下来的发言中就有更多同学有意识地这样学习和表达了。

改进五：

图文结合是绘本阅读的好方法，但是这种方法的提炼在这节课的教学中出现的时机不同，收效也大不相同。

第一次上课出现在揭示故事题目时，学生根据封皮插图上小熊画的圣诞树猜这个日子是圣诞节。当时我的评价是："你能将图和文字结合在一起猜对了这个日子是圣诞节。"但是之后学生汇报发现时没有再提到图文结合的。

第二次上课出现在一个学生将大家很难发现的毛线团的线索与文字结合起来，说是小熊为大家送了礼物。这时我评价："你能将前后有联系的图和文字结合起来进行推测，图文结合真是一个好方法。"其他同学对他的发现特别佩服，因为这是一个大家都没发现的细节，而他借助绘本中的文字验证了自己联系前后图进行的推测是对的；同时也对我当时的评价印象深刻。于是在后面学生谈发现时，受到了这个方法的启发，特意说明自己是用图文结合的方法验证了推测。

学生的这种图文结合与前后联系一起运用，较一年级时的图文结合又有了提升。图文结合对于这个故事悬念的发现也是真正有效的方法。可见，只有对学生进行恰当的评价，才是有效的反馈，这一评价对全班学生都有一个指导的作用。

3. 行为习惯的指导

改进六：

学生在第一次课上汇报自己的发现时总是断断续续地有人举手，似乎说完了，但又有发现，我发现这是因为学生在阅读绘本时，许多的伏笔藏在 38 页的书中，有时就会翻着翻着找不到了，一会儿翻着翻着又找到了。

经验二：

第二次上课给学生发便签纸，在学生阅读故事找伏笔的时候教给他们用便签纸做记号的方法。果然学生在汇报时不容易找丢了。

这个方法不光方便学生这节课的学习，对于他们今后形成良好的阅读习惯也是很好的指导。贴便签纸就是读书做摘要的雏形。

一节绘本课的实践留下了无尽的问题，是一次难得的经历。我最突出的感受就是要站在一个人阅读和成长的角度来备课，以此来丰富学生的阅读人生。

米莉的帽子变变变*

【研究内容】

绘本作为一种独立的图书形式，其独特的教学价值已经得到越来越多的认可。合理利用绘本这一教学资源，提高小学生的语言表达兴趣，培养良好的语言表达习惯，可以突破当前小学语文教学在表达能力方面的瓶颈。

本节课选取的绘本为《米莉的帽子变变变》，故事充满了神奇的想象。主人公米莉很想拥有一顶属于自己的帽子，可是她的钱包空空的。于是，善良的店员就从仓库里拿了一顶"帽子"给米莉："这是一顶神奇的帽子，只要运用想象力，它就能变成你想要的任何样子。"一路上，米莉的"帽子"不断地根据她的想法变化。与此同时，在米莉眼中，周围的人也戴着各种各样的帽子。这个有趣的故事告诉孩子们：只要敢于想象，每个人都会拥有属于自己的神奇的帽子。

本节课着重研究：利用绘本阅读，通过不同的教学策略，促使学生表达

---

* 该案例及教学反思的作者为王虹。

真情实感，培养学生表达的完整性与逻辑性，培养学生个性化表达的能力。让绘本这一优质资源得到充分利用，切实提高学生语言表达的能力。

【教学目标】

1. 体会想象力的神奇。
2. 建立事物间的联系，知道想象也需要有依据。
3. 能从绘本的细节变化体会绘本所传递的内容，培养观察力。
4. 能从绘本走向生活，根据自己或他人特点进行想象，画画写话。

【教学重点】

体会想象力的神奇。

【教学难点】

能从绘本走向生活，根据自己或他人特点进行想象，画画写话。

【教学准备】

PPT 课件。

【教学过程】

一、出示绘本，引出故事

【设计意图：开门见山式地引入，带领学生更快进入故事情节。】

二、依据脉络，分组出图，体会神奇，想象表达

第一组图（米莉买帽子）——猜测表演，引导参与

1. 听：听老师讲故事。

2. 猜：米莉的钱包是空的，接下来会怎样呢？

3. 演：店员给米莉戴帽子的部分，体会店员的善良幽默与米莉的天真可爱。

【设计意图：图文并茂是绘本的一大特点，把图画分组，更符合低年级儿童的认知规律、读书规律。此环节让学生猜测后面故事的发展，目的是让学生有思维的空间，尽情驰骋想象力，尽快参与到故事情节中。】

第二组图（米莉帽子的四次变化）——感受变化，体会神奇

1. 听：听老师讲第一次变化。

2. 读：体会米莉此时的心情，带着个人理解朗读——"孔雀帽子！"

3. 说：看图说一说后三次变化。

4．议：米莉的帽子为什么这样神奇？（帽子随着米莉心中想法而变化）

5．想：米莉还会"想……，变……"

【设计意图：带领学生游览般边走边看，边走边聊，引导学生思考米莉帽子变化的原因，同时结合故事及自己的生活展开想象进行表达，于无痕中训练学生语言表达能力。】

第三组图（每个人都戴着不同的帽子）——分类观察，建立联系

1．观察：她看到谁戴着什么样的帽子？为什么会戴着这样的帽子？

2．教师示范表达："米莉看到一位又瘦又高的阿姨，觉得她戴着一顶长颈鹿帽子，因为她的身材就像长颈鹿一样；她还看到了一位小姐姐，手里抱着高高的一摞书，她觉得小姐姐戴的帽子是海豚顶球帽。"

3．引导学生细致观察，根据人物不同特点进行分类，练习表达。

分类预设：人物的身材、表情、动作、爱好……

4．创设情境，引导学生表演图中两个人一组的画面，进一步体会帽子变化的特点。

5．小结：每个人都有属于自己的神奇的帽子！

【设计意图：绘本一大特点——"画中有画""画中有话"。教师以其中一二个人物为例，进行表达示范，呈现"画中之话"，引导学生体会帽子与人物特点的关系，建立事物间的联系，为学生下一环节的观察表达引路。】

第四组图（戴池塘帽的老婆婆）——观察细节，感受心情

1. 说一说：老婆婆为什么戴的是一顶黑色池塘帽？

2. 观察细节：米莉送去微笑后老婆婆的变化，米莉帽子的变化。

3. 小结：米莉在给别人带去快乐之后，自己变得更加快乐了！

第五组图（回到家）——揭示主题，情感升华

1. 猜想：回到家，帽子会怎么变？她的爸爸妈妈又戴着一顶怎样的帽子呢？

2. 揭示主题：米莉说对了，每个人都有自己的神奇的帽子！

三、迁移想象，自由表达

1. 用心想一想：你正戴着一顶什么帽子？你的同学、老师、爸爸妈妈、你的宠物戴着一顶什么帽子呢？

2. 学生画画、写话。

3. 展示交流。

4. 小结：只要敢于想象，每个人都有自己的神奇帽子。

【设计意图：本环节引导学生创作画外之画（话），让学生在体会绘本乐趣的同时，自然而然地联系生活，放飞想象，自由表达，进一步感受"每个人都有自己不同的帽子"。】

【教学反思】

倾听成长的拔节之声

何为"成长"？我想，成长是自身不断变得更好、更强、更成熟的过程；成长是向着一个方向不断努力，从懵懂到清晰的过程。成长，伴随着痛苦与快乐，如竹之拔节，每一个竹节都是一个桎梏，冲破了便是成长，停歇了便是消亡。这一次执教绘本《米莉的帽子变变变》，让我再一次体验了成长的过程，从中看到了不一样的自己。回望反思，总结如下。

一、重视"绘本细读"

翻开绘本，故事极其简单。这样一个看似简单而又有趣的故事，到底有着怎样的丰富内涵？教学目标应该定位在哪里？怎样呈现绘本阅读的价值呢？……有着20多年教龄的我，此时却犹如一名初登讲台的新教师，在理论与实践之间碰撞，在模仿与创新之间徘徊，在静坐与起立之间思考……这份彷徨，如竹节的桎梏，唯有冲破，才能生长。

静下心来，作为真正的读者，我细读绘本，努力走进绘本背后的世界。这一次，我读清了故事的脉络：米莉买帽子——帽子的四次变化——身边每个人戴着不同的帽子——回到家后帽子的变化。我读出了故事中渗透出来的神奇的想象力：米莉不用钱，就拥有了一顶漂亮的帽子，而且能够变换各种尺寸、各种款式、各种颜色，只要运用想象力，它就能变成你想要的任何样子。我读出了故事中快乐的传递：米莉看见老太太的"池塘帽"死气沉沉的，就让自己帽子上的鱼和小鸟"飞"过去，令老太太的"池塘帽"变得生机勃勃。我读出了语言训练的支点：米莉还会走到哪里？帽子又有了怎样神奇的变化？我读出了绘本与写话的结合点：每个人都有自己神奇的帽子，请你画一画，写一写——你正戴着一顶什么帽子？你的同学、老师、爸爸妈妈、你的宠物戴着一顶什么帽子呢？……在不断细读绘本的过程中，教学思路渐渐明晰。

二、重视"看画读画"

图文并茂是绘本的一大特点，读"画"是绘本课上一项重要的内容。语文课强调从整体入手，深入局部，最后回到整体。我想，绘本课是不可能从整体入手的。因为小孩子不能一下子把那么多图都消化，也就更谈不上融会贯通地理解了。一页一页地看，也许更符合儿童认知、读书的规律。但即便一页一页地看，也要有些方法。我根据故事的脉络，把图画分为了几组，在出示的组图中，边走边看，边欣赏边聊，像带着孩子们在游览一般，走走停停，时而猜测故事情节的发展，时而表演绘本中的有趣画面，时而观察绘本中人物的变化，时而结合自己的生活展开想象，将语文能力的培养渗透在教学环节之中。比如，在"读"完第一组图后，停下来，让学生猜后面的故事：米莉的钱包是空的，接下来会怎样呢？这样的设计，目的是让学生有思维的空间，尽情驰骋想象力，活跃课堂气氛，加强听讲效果，同时让教学形式有所变化，消除孩子的课堂倦怠感。

三、呈现"话中之画"

绘本虽图文并茂，但画面毕竟是静止的，"话"中的画面未曾全部体现，留给读者想象的空间非常广阔。教师可以用"表演"这一低年级孩子喜爱的方式，促使孩子尽快参与到故事情节中来，体会故事主人公的情感。比如在第一组图中，"可爱的店员为米莉戴上帽子，米莉拿出'所有的钱'交给店员"这一环节，我便引导孩子通过表演呈现"话中之画"，更鲜活地呈现店员的善良与美好以及米莉的天真与可爱。

四、关注"画中之话"

绘本一大特点就是"画中有话"。在读图过程中，我将重点放在第三组图上——图中画了各式各样的人物，只配有一句话"每个人都有自己的帽子，而且全都不一样哦！"这样一幅多人物的画面，每一个人物帽子的特点都不一样，如何理解帽子与人物特点的关系，对于低年级学生来说，观察表达起来是有难度的。

我引导学生说出画中之话：米莉看到谁戴着什么样的帽子？为什么会戴着这样的帽子？力图帮助孩子体会帽子与人物特点的关系，建立事物间的联系。

五、创作画外之画（话）

绘本的价值还体现在：它可以很好地与写作结合，让学生在读绘本的乐趣与美妙中，自然而然地联系生活，放飞想象，自由表达，从而情动而辞发。本课最后环节，落脚点在"每个人都有自己不同的帽子"，此时可水到渠成地让孩子们充分发挥自己的想象，画画写话，呈现出各自心中与众不同的帽子。

课后，《中国教育报》记者张贵勇老师、阅读工作坊的李一曼老师、周金萍校长及听课老师在对这节课的思路、策略进行了肯定之后，毫无保留地提出了他们对于绘本阅读的理解，让我茅塞顿开。

首先，绘本阅读要准确把握绘本文本的主旨。教育的目标，是为社会培养人。要引导学生阅读理解时加入自己的生活，以新的视角或更高的站位看待生活。先要教给学生一种生活的态度，生活的智慧，其次才是语文能力的学习。以这个故事来说，文本的主旨可以再提升一些：每个人都有自己独特的帽子，每个人都是不同的，引导孩子更客观地认识自己，认识他人。

其次，绘本阅读要大开大阖，少些匠气，融训练于无痕之中。绘本阅读所要讲的故事并非主要目标，要以儿童的反应作为主要目标。读读讲讲，走走停停，学生有了反应，便是一个机会，可以"顺水推舟"，让他们的思想去发展。

再次，绘本阅读要站在儿童立场，需保持一种童心。孩子看世界的角度，体现在绘本中，要给孩子更开阔的视角，抓住生成，不要让孩子陷入同一想象。

最后，绘本没有标准答案，教师要善于示范、示弱、示错。

此次活动虽然结束了，但此时坐在电脑前敲击键盘，回温活动的每一个步骤，内心涌动的却是满满的感动与感恩。真诚地感谢各位领导、专家和老师们，是你们让我在绘本阅读的领域中，倾听到了专业成长的拔节之声，在这个洋溢着生命气息的季节里，谱写了一曲激昂向上的乐章！

我的爸爸叫焦尼*

【研究内容】

绘本画面精美生动，符合儿童的审美情趣，更容易激发他们对阅读的兴趣，并且文字简洁而隽永，阅读难度低却能传递大量的信息。

《我的爸爸叫焦尼》是一本绘本画册。优美的画面，诗一样的文字诉说着一个非常温馨感人的小故事。故事的主人公狄姆是一个离异家庭的孩子，他不能经常见到爸爸焦尼，然而只要能和爸爸在一起，他的每一分钟都是快乐的。

【教学目标】

1. 通过阅读绘本认识平时书本上没学过的生字、词语，例如：焦、狄，等等。

2. 学会绘本的阅读方法，通过图文结合的阅读方法，了解绘本的故事内容和人物的情感。通过观察图画，抓人物语言和动作等方法，进行朗读练习；通过想象展开口语交际，从课外阅读中提高阅读能力、理解能力、表达能力和想象力。

3. 懂得这是一个特殊家庭发生的故事，理解焦尼与狄姆父子情深，以及

---

* 该案例及教学反思的作者为张羽。

他们表达爱的方式。体会狄姆和爸爸的深厚感情，树立正确的人生观。

【教学重点】

学会绘本的阅读方法，通过图文结合的阅读方法，了解绘本的故事内容和人物的情感。

【教学难点】

从课外阅读中提高阅读能力、理解能力、表达能力和想象力。

【教学准备】

课件、绘本书。

【教学过程】

一、质疑导入激发兴趣

师：浏览了这本书，有没有什么问题？

【设计意图：让学生带着问题进入故事，使他们能更快走入故事情节。】

二、师生合读整体感悟

1. 师生配合读，具体说喜欢哪幅图，哪个情节，哪个语句。

【设计意图：通过师生朗读，提示故事的结构——起因、经过、结果。】

2. 回忆故事开头。

【设计意图：指导学生阅读绘本，提供阅读方法，并提炼内容。】

3. 狄姆和爸爸一天中都去了哪儿？在干什么？看图体会心情。

【设计意图：突出5个重要场景，指导学生看图，抓重点语句，从图中体会人物心理。】

三、提炼精华理解情感

1. 分别出示4个具体场景，从每一个情节、每一句话中体会狄姆的心情。

【设计意图：抓重点语句，猜情节发展，猜人物的话语，猜人物的心理活动，体会心情。回顾4个具体场景，以学生的感受为主体，帮助他们理解狄姆和爸爸的感情。】

2. 看图，说说爸爸的动作，体会爸爸的心情。

【设计意图：指导学生说完整话，通过爸爸的动作体会人物心情。】

3. 回读1～17页，再次感悟。

【设计意图：回读第一部分，再次感受父子间的深厚情感。】

四、结尾入境再提疑问

师：结尾情节是什么？体会父子离别时的心情。

【设计意图：猜结尾时的父子对话，体会人物的感情。把学生带入故事，入情入境地朗读重点语句，体会父子间的深刻感情。】

五、再读感悟介绍作者

1. 再读读喜欢的句子，看看喜欢的图。

【设计意图：回读全文，整体感受。】

2. 介绍作者汉伯格，总结绘本阅读方法。

【设计意图：了解作者，总结绘本阅读方法。】

六、布置作业

猜一猜，写一写。狄姆在站台上会想些什么？离别前，狄姆和爸爸会说些什么？

【设计意图：拓展孩子想象空间，锻炼写话的能力。】

【教学反思】

用生活撞击绘本教学

以前的我总认为教语文就是教教材，语文书就是语文教学的全部。但《义务教育语文课程标准（2011版）》中把"努力建设开放而有活力的语文课程"作为语文课程的四大基本理念之一，要求"语文课程应该是开放而富有创新活力的"，"同时应密切关注现代社会发展的需要，拓宽语文学习和运用的领域"。为丰富学生的学习内容，开阔学生的阅读视野，我在领导和其他老师的帮助下，完成了《我的爸爸叫焦尼》绘本教学，受益匪浅。

《我的爸爸叫焦尼》由瑞典画家爱娃·艾瑞克松所画，波·R.汉伯格配文。这一来自国外的绘本让我倍感亲切，似乎书里的生活就在我们身边。我觉得特别有意义的是：文本给我们呈现了一个真实、朴素又可爱的"父亲"的形象。这是一个离异的家庭，父亲的爱，并没有因此减少、变异或畸形，依然温暖、亲切，令人难忘。狄姆是不幸的，因为他只跟妈妈一起生活；狄姆又是幸福的，因为他拥有完整的爱。他的父母在孩子教育上的彼此宽容与契约精神更发人深省。

有人说，这么深刻的感情，小学生能懂吗？特别是对于二年级的小学生来说，会不会太深了？一开始我也这样想，但是当我上完课后，学生跑到我身边问我："狄姆的爸爸是不是和妈妈离婚？为什么要让狄姆这么难受？"我就知道，不要低估学生，有时候，生活的真实比生活的掩饰更具教育的力量。

在这堂课的设计中，我重视了学生的全体参与。用我的范读将全体学生带进这个故事，初步感受这个故事的情感，并在上课过程中，通过几次的静读、回读，让全体学生都能细细地读，从自身出发，从故事中读出自己的体会，并进一步谈谈自己的理解。并且我尽可能地给学生创造一个完整的情境，根据故事开头、经过、结果的结构框架对故事进行梳理，并利用火车的音效，背景音乐的穿插，适时地将学生从文本中拉回到对故事情感的整体感知，使全体学生能够沉浸在浓浓的父子之情中，受到感染，受到启发。

教育并无其他目的，教育即生长。语文课的生长，需要与学生的生活经验进行对接。只有其中的情感体验、认识与学生的生活相关，文本、绘本的学习才有扎实的基础。绘本带来的是生活的间接经验，学生的直接经验与之碰撞，或顺应，或同化，语文素养的提升、人的成长才能转化为现实。基于这种考虑，我在教学中重视了学生生活经验的激活，让他们对故事的理解有一定的深度。根据他们自己的经验猜剧中人物的语言、想法，猜他们的感受，让孩子们进入故事情节，随着狄姆高兴，跟着狄姆难过。并适时地加以引导，让学生从故事"悲"的一面走出来，读出"爱"的一面。简单的画面，简单的人物言语、动作和神态，都蕴含着丰富的情感。在教学中，我首先让学生初步感知。教师、学生声情并茂读绘本，进入故事。然后就抓住狄姆说了多次的那句"这是我的爸爸，他叫焦尼"，通过观察图片、猜狄姆的心情，体验朗读，学生读懂了同样简单的话语，背后却藏着小狄姆不同的感情：兴奋、开心、自豪、骄傲、不舍。学生读的过程，也是体会关键词句在不同语境中有不同情味的过程。接着我引导学生抓住爸爸的动作，再一次让学生感受爸爸动作里藏着对孩子的深深的情感。最后让学生在结尾告别的情景中体会父子间的爱。随着教学一步步深入，学生越读越有味道，画面越想象越丰富。

这次尝试绘本阅读教学，我也存在着很多的不足。绘本是图画书，有文字，也有图画。文字之外，常有许多细节体现在图画中。在指导学生进行绘本阅读的时候，除了应该抓住文字中的特点，更应该多看图，体会图中的意境。并且绘本教学，应该注意类别的区分。特别是《我的爸爸叫焦尼》这本书，属于情感很浓厚很深沉的一类绘本，在教学中，我侧重了理解故事情节，猜人物心情，说内心感受，这样做容易使课堂变得过于理性，而这类情感型的绘本应该更多地让学生静静地看，细细地读，多读多想象，在读中去感悟人物的内心世界，在读中加入学生自己的理解，并且进行口语交际。

最好的语文学习，是融于现实生活世界的学习。早一天打开这个世界，我们的学生就会早一天跨进语文的门槛，早一天获得幸福的钥匙。我真诚地感谢帮助我的王志老师和马连红老师，他们让我真正体会到语文的魅力，体验了绘本教学的快乐。

【附件】

《我的爸爸叫焦尼》学生作业条

班级：＿＿＿＿＿＿＿　　姓名：＿＿＿＿＿＿＿

猜一猜，写一写。

猜一猜，狄姆会想些什么？

狄姆独自站在站台上，他想：

猜一猜，狄姆和爸爸都会说些什么？

离别前，狄姆和爸爸又回到了站台上。

中年级

身边的错别字[*]

【研究主题】

参与全体性和深度性的策略探究。

策略：内容的多样化、分工的自主性、反馈的及时性、团队的合作性。

方法：各个策略下，老师确定具体操作的方法，学生调查、分析，并汇报。

【研究内容】

学习、生活中的错别字现象，原因的分析，以及识字方法的掌握。

【教学目标】

通过自主、合作、探究的学习方式，走近身边的错别字。通过本次活动，增强学生搜集资料的能力和语文综合实践能力。引导学生从实践中观察、整理、分析错别字，并引导学生了解汉语言文字的知识，体会汉语言文字文化的内涵，掌握科学的识字方法。

【教学重点】

培养学生搜集资料的能力和语文综合实践能力。

【教学难点】

让学生体会汉语言文字文化的内涵，掌握科学的识字方法。

【教学准备】

通过小组分工，将学生分为两大组，第一组主要针对学习中出现的错别

---

[*]　该案例及教学反思的作者为刘茜。

字进行资料的搜集、统计，并结合自己独特的学习方法对典型汉字进行讲解；第二组主要针对生活中出现的错别字，通过错因的分析、采访等多种形式来进行汇报。

【教学过程】

一、发现问题，明确分类

1. 让学生在体验中发现问题。

2. 导入错别字的定义和分类。

3. 完成学习单。

区分错字与别字					备注
班级：		姓名：			
错字	容	幸	福	步	
改正					
别字	做	劫	亲	冰	桶
改正					

【设计意图：用一个简短的片段巧设情景，趣味导入本课"错别字"的概念以及相关定义。摆脱传统的说教性导入和教师一味讲授的模式，让学生在发现中学习。】

二、小组汇报，全员参与

了解错别字的定义和分类后，请学生将他们在学习生活中遇到的错别字现象进行汇报。

(一)学习中的错别字

第一小组学生搜集和统计全班作文本中出现的错别字，并用调查报告的形式进行成果汇报。

【调查报告】

调查范围：作文本中包含了我们正在学习的生字、以前学习过的旧字，以及平常积累的字词，是较能体现语文素养的综合性作业，所以我们组针对作文本中汉字的书写和使用进行了调查。

调查时间：2012 年 12 月 19 日。

调查地点：翠微小学三年级(1)班。

调查目的：聚焦学习中出现的错别字，采取合理方法帮助记忆，养成良好的书写习惯。

调查材料分析：我们小组将全班 38 人的作文本内出现的错别字进行了统计。结果单本内出现错别字最多的是48 个，最少错别字是2 个，平均每本错别字是18 个。这其中有些错误率最高，如：勇、扭、暖、座、坐、寒、歌等。

【设计意图：学生在老师的指导下逐渐接触调查和调查报告等相关语文知识，培养其调查和统计、分析的综合能力。】

此次调查说明，在我们的日常学习中错别字的现象比较普遍，所以我们要提倡"改正错别字，人人都写规范字"。针对这个问题，结合统计出来的典型错别字，我们组的同学想向大家推荐一些好方法。

1. 用"旧字带新字"的识字方法解决错别字——"座"与"坐"

2. 用换部首的方法解决错别字——暖、援、缓；静、净、挣、铮

3. 用字理识字的方法解决错别字

(1)了解避让的美：用、甬、勇。

(2)学习会意字：歌。

(3)考考你：寒。

【设计意图：通过学生的调查和统计，引发其探究的欲望，并自发地讨论和总结出一些有效的科学识字方法。整个过程充分以学生为主体，体现其

自主学习的过程，重视学生的个体独特体验，并在教师的指导和帮助下将学习成果有条理地进行整合和呈现。学生在调查的过程中不仅能体会到收获的快乐，还体现了自身价值。】

4. 互动环节：小组讨论

除了刚才小组同学汇报的方法，你还有什么好的方法想跟我们分享吗？

预设：形声字认字法（形声字占汉字总数的百分之八十以上）、同音字认字法……

5. 老师总结

(1)灵活掌握识字方法，懂得根据不同情况采取不同方法帮助记忆。

(2)工具书不离手，字典是我的好朋友。

(3)趣味图书——《画说汉字》。

【设计意图：学生是学习的主人，而教师则应注意因时施教、因材施教，给他们提供更有效的信息和帮助，帮助他们在已有的知识上获得提升，将整堂课升华。】

(二)生活中的错别字

1. 关注生活中的错别字现象，请第二组同学进行汇报

(1)出现在我们身边的错别字现象：小组组员汇报调查情况。

(2)走进社会：小组组员将错别字分类别后，进行成果汇报，并和其他同学互动。

2. 师总结

【设计意图：语文是一门综合性与实践性相结合的学科，这堂综合实践课的教学目标即包括引导学生从实践中观察、整理、分析错别字，增强学生搜集资料的能力和语文综合实践能力。】

三、渗透文化，引发思考

1. 最令人叫绝的错字——"富""章"

2. 出现最多的错字——"明"

3. 天下第一错字——"避"

4. 思考拓展题：

最有说法的错字——"鱼"

【设计意图：通过自主、合作、探究的学习方式，走近身边的错别字。让学生从实践中观察、整理、分析错别字，并适时引导学生了解汉语言文字

的知识，体会汉语言文字文化的深刻内涵。】

四、与实际生活结合，思考文化现象

1. 师总结
2. 展现社会实际生活中的现象，倡导学生学会思考

【设计意图：语文学习不能仅仅停留在知识的积累和拓展上，还应培养学生对生活的观察和对社会现象的思考和探究能力，做一个热爱生活、乐于观察、善于思考的人。】

【板书设计】

身边的错别字

学习中　　生活中

方法　　能力

走近文化

【教学反思】

《身边的错别字》语文综合实践课反思

识字写字教学是小学语文教学的主要任务之一，因为字词是人们进行阅读与写作的基本语言元素。识字写字教学对完成义务教育语文课程的目标和任务具有多方面的意义。但是，由于汉字的音形义之间的复杂组合搭配，小学生在学习识字写字时难度较大，在日常写字和用字的过程中错别字现象较为严重，这一现象的存在不仅影响着小学生对汉语学习的认知，更直接影响着小学生语文素养的培养。针对三年级学生的学习特点，我把错别字作为主题，设计了本节语文综合实践课。

一、发现问题，明确分类

教学伊始，我用一个简短的作文片段巧设情景，趣味导入本课中"错别字"的概念以及相关定义。摆脱传统的说教性导入和教师一味讲授的模式，让学生在发现中学习。

二、小组汇报，全员参与

课堂是学生的，而不再是教师的。本堂课我秉持以学生为主体的原则，设计和实施教学。首先我将全班学生分为了两组，一组为学习小组，一组为生活小组，分工合作。

学生在老师的指导下初步接触调查和调查报告等相关语文知识，培养自己的调查、统计、分析的综合能力。不仅如此，学生通过调查和统计，探究的欲望得到引发，开始自发地讨论和总结出一些有效的科学识字方法。整个教学过程充分体现了学生的自主学习，重视了学生的个体独特体验。最后，学生在教师的指导和帮助下将学习成果有条理地进行整合和呈现。学生在学习的过程中不仅能体会到收获的快乐，还体现了自身价值。

我们常说语文是一门综合性与实践性相结合的学科，这堂综合实践课的教学目标即包括了引导学生从实践中观察、整理、分析错别字，增强学生搜集资料的能力和语文综合实践能力。

三、渗透文化，引发思考

教师在整堂课中的站位要高于学生，知识储备要厚于学生，才能因势利导。前期两组学生通过调查和统计，简单地分析了我们日常学习、生活中的一些错别字现象，但是在我们有深厚历史的中国古文化中，有些错别字错得却是很有文化味儿的，错得让人赞叹的。此处我引入了一些典型的错别字故事，用来渗透中国的古文化。

通过自主、合作、探究的学习方式，走近身边的错别字。让学生从实践中观察、整理、分析错别字，并适时引导学生了解汉语言文字的知识，体会汉语言文字文化的深刻内涵，我想这也是我们语文综合实践课的教学目标。

四、与实际生活结合，思考文化现象

展现社会实际生活中的现象，倡导学生学会思考。语文教学不能仅仅停留在知识的积累和拓展上，还应培养学生对生活的观察和对社会现象的思考和探究能力，做一个热爱生活、乐于观察、善于思考的人。

当然这堂课中还有很多值得反复推敲和思考的问题，比如目标的设定应该再具体化，可操作性再强些。对于错别字概念的界定和教学设计的关联性方面，经过专家和老师们的评课和指导，我也意识到要将概念和方法更细致更明确地想清楚。只有老师清楚明白，才能更有效地设计出一堂能让学生受益匪浅的课。在今后的教学中我会继续努力的。

诗情画意*

【研究主题】

参与的全体性和深度性策略和方法的探究。

策略：内容的多样化、要求的层次性、反馈的及时性、学生的引领性。

方法：每个策略下，老师确定具体操作的方法。

【研究内容】

北师大版语文第五册教材中有4首写景的古诗，由此延伸至课外，研究写景类古诗的诗情和画意，分类、积累、赏析和运用。

【教学目标】

通过自主、合作、探究的学习方式，走进古诗。通过本次活动，聚焦梳理教材中写景类古诗，拓展积累课外的写景诗。感受诗情画意，结合课外资料和背景介绍等理解古诗，体会诗情。同时了解写景的古诗中有借景说理和借景抒情两类。并试着在生活中、习作中运用古诗。激发对诗词文化的热爱。增强学生搜集信息、整理信息的能力。

【教学重点】

让学生学会结合课外资料和背景介绍等理解古诗，体会诗情。

【教学难点】

让学生了解写景的古诗中有借景说理和借景抒情两类，并试着在生活中、习作中运用古诗。

【教学准备】

积累写景的古诗，结合注释，查阅资料，理解诗意。结合背景体会诗情。

---

* 该案例及教学反思的作者为闫婷。

【教学过程】

一、创设情境，赏景读诗

（一）我们通过学习古诗，可以游览祖国的大好河山，欣赏各地的独特风光。

1.《望天门山》

2.《望洞庭》

3.《敕勒歌》

4.《晓出净慈寺送林子方》

总结：你们发现这些诗分别写的是什么？（山、水、草原、植物）

写景的古诗最讲究其中的诗情画意。（板书：诗情画意）

（二）拓展积累课外的写景诗。

1. 在课外你们还积累了哪些写景的诗呢？看图猜诗。

《山行》《小池》《望庐山瀑布》，看到这样的景色你会想到哪句诗？

2. 共同交流自己积累的写景古诗。

【设计意图：分类积累课内外的写景古诗。】

二、想象画面，体会诗情

1. 这是刚才有些同学提到的诗，我们都来读读，体会一下你最喜欢哪一首。

景色壮丽，气势雄浑，景色秀美。

2. 把你喜欢的这一首再用心地去读一读，想象诗中的画面，感受诗中的情感。

学生自学——把你体会到的诗情画意跟你同伴说一说——集体汇报。

3. 认真倾听同学的发言，然后你可以补充，也可以评价他读出诗情画意了吗。

（1）《登鹳雀楼》唐 王之涣

A. 白日依山尽，黄河入海流。欲穷千里目，更上一层楼。

想象画面（朗读）

诗情

（板书）借景说理

B. 以前我们也积累过不少借景说理的诗。分组读诗，连线说一说。

《题西林壁》　　　　　因为有了东风，才会有万紫千红的春天。

《乐游原》　　　　　　只有站得高才能看得远。

《春日》　　　　　　　当局者迷旁观者清。

《登鹳雀楼》　　　　　寄予了美好事物也不能长存的道理。

（2）《敕勒歌》

A. 敕勒川，阴山下，天似穹庐，笼盖四野。天苍苍，野茫茫，风吹草低见牛羊。

画面：生谈（出示图片）

诗情：感受到游牧民族对自己家乡的热爱和赞美。

这确实是一首借景抒情的古诗。（板书）你能读出你的感受吗？

B. 仅仅在表达对家乡的热爱和赞美吗？来听听这个小故事，再来想诗人要表达的情感吧！（指名读）

补充资料：东魏主帅高欢率大军围攻西魏的重镇玉璧城，可是西魏的守城大将韦孝宽善于随机应变，积极防御，使东魏大军久攻不克。高欢率大军苦战 50 余天，死伤七八万人，只好退兵。在撤退期间，西魏军队又到处散布：高欢被韦孝宽一箭射中，东魏军队人心惶惶。高欢为稳定军心，便出来与将士见面，为激励士兵，他对军事经验丰富的名将斛律金说："讨伐西魏以来，大家离故土很久了，你唱一支家乡的曲子，让大伙提提精神吧！"于是，斛律金便放开喉咙，用鲜卑语唱起了这首脍炙人口的民歌。他那苍劲悲壮、慷慨激昂的歌声使在场将士无不动容，于是大家齐声唱起了《敕勒歌》。那雄壮的歌声使西魏军再也不敢轻举妄动了。

现在你又体会到了怎样的情感？

让我们也一起唱出北方民族英勇豪迈的气概吧！（齐读）板书：抒情 豪迈

这次我们走进了古人的内心世界，读出了他们的这份豪迈。

看来了解背景可以帮助我们感受诗情。板书：结合背景

（3）《早发白帝城》唐　李白

画、情：早晨告别了彩云环绕的白帝城，小船一日行千里，突出行船的速度快，不知不觉中已过万重山，从景物变换描写行船速度快。将诗人流放遇赦，归心似箭的喜悦心情表现得淋漓尽致。

背景资料：李白被皇帝发配流放夜郎。在他从四川到被贬之地的途中，行至白帝城时，忽然接到皇帝赦免的诏书，李白惊喜交加，旋即放舟东下江陵。所以这首诗的题目也叫《下江陵》。此诗书写了作者当时喜悦畅快的心情。

带着这份喜悦再来读读吧！

(4)在我们积累的写景的古诗中，很多诗人都不约而同地聚焦在了两个著名的景点上，你发现了吗？

A. 哪位同学愿意带我们去游览庐山？

《望庐山瀑布》 唐 李白

日照香炉生紫烟，遥看瀑布挂前川。飞流直下三千尺，疑是银河落九天。(热爱)

B. 庐山真有气势，那西湖的美又是怎样的呢？

《晓出净慈寺送林子方》宋 杨万里

毕竟西湖六月中，风光不与四时同。接天莲叶无穷碧，映日荷花别样红。

莲叶接天望不尽，朝阳映照的荷花特别红艳。诗人借此来说林子方的前途不可限量，寄托对朋友的美好祝愿。(板书：友情)

(5)面对美景，诗人的心情都是愉悦的吗？从哪首诗中读出了伤感？

是怎样的画面让你体会到了这份悲伤？

《枫桥夜泊》：读诗——说诗意——体会伤感

能读出这份伤感吗？

4. 小结板书：我们通过读古诗可以想象到画面，通过画面又能进而感受到诗情，有的诗人想说理，有的诗人想抒发豪迈之情、喜悦之情、热爱之情或友情，也有的诗人给我们带来的是一份伤感。只要我们多去了解诗歌的背景，那这万水千山之中总是情……

【设计意图：感受理解借景抒情的古诗，体会情感，练习朗读。】

三、运用古诗

(一)适时吟诵

1. 当我们来到波涛汹涌的黄河岸边，就会吟诵："九曲黄河万里沙，浪淘风簸自天涯。"

2. 站在西湖岸边，欣赏着西湖十景那各有特色的美，我们又会想到哪一句呢？"欲把西湖比西子，淡妆浓抹总相宜。"

3. 你还可能在什么情景中，会想到吟诵什么诗句呢？

荷花塘前：接天莲叶无穷碧，映日荷花别样红。

(二)说理类的运用

1. 在期末写评语时，老师会祝你来年：("更上一层楼")。

2. 走迷宫时，我怎么也走不出去，只能靠妈妈在迷宫外帮我指，宋朝诗人苏轼在《题西林壁》中的诗句("不识庐山真面目，只缘身在此山中")说明的就是这个道理。

3. 表达朋友间情谊深厚时，我们可以吟诵"桃花潭水深千尺，不及汪伦送我情"。

4. 爷爷七十大寿，大家祝爷爷："福如东海，寿比南山"。爷爷却叹道：("夕阳无限好，只是近黄昏")。我赶紧把爷爷的话打住："('霜叶红于二月花')。爷爷，您的身子骨比年轻人还壮实呢。"爷爷高兴地笑了。

【设计意图：逐步提升难度，使学生感受到古诗可以在生活中、习作中去运用。】

【板书设计】

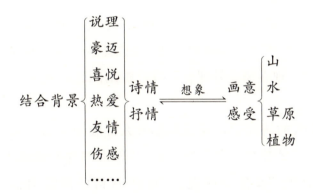

【教学反思】

如何发现写景诗中的"诗情画意"

语文拓展课与常态的语文课相比，要自由得多，选材、形式都相对宽松，给了老师更多的思考和发挥的空间。准备这节拓展课的过程使我获得了成长，也让我享受其中。

一节课，最后呈现的永远只有 40 分钟，但教师在课前的准备需要多少个 40 分钟啊！最初接受这节语文拓展课任务时，我莫名其妙地确定了"古诗"这一主题。但从哪儿入手？讲什么？全无头绪！唯一的抓手就是那本《小学生必背古诗80首》（下文称"必背古诗"），于是，我紧抓这棵救命稻草，一首诗一首诗地仔细研读，古诗、解释、赏析、作者介绍，还有相关的小故事，真的是一个字都不敢落下。拓展课也要在课本的依托下拓展，我又研读了本册教材中的所有古诗，一共十首另加两句。进行分类整理后，我惊喜地发现10首中有4首是写景的，再看"必背古诗"这本书中，编者给每首诗都配了插图，虽然有些图的画面实在过于简单，但足以提醒我"诗中有画，画中有诗"！所以，我决定研究写景类的古诗，就把主题定为"诗情画意"。

什么是写景类的古诗？好几首诗都让我很拿不准，比如：《登鹳雀楼》是不是？《咏柳》是不是？经过周校长的指点，我明白了：写山、水、草原、植物的诗都是写景类的诗。而且周校长的两个词——"借景说理"和"借景抒情"，又给了我重要的提示。这至关重要的点拨推动我进而去研究在写景的古诗中诗人借景说了什么理，抒了什么情。

对于我这个对历史和地理都不太感兴趣的人来说，为了了解诗人的创作背景，为了深入地体会到诗人的情感，我开始废寝忘食地查阅资料。中国的南方和北方怎么划分？北宋和南宋是怎么回事？时间和空间上有什么联系？西湖、庐山、泰山这些著名景点有什么特别之处？苏轼跟西湖有什么关系？……虽然这些在课堂上并不一定都要给学生，但"要给学生一杯水，自己要有一桶水"。对于我来说，现在需要补课！而自己提出问题、解决问题的过程让我享受其中。

经过一番深入的研究后，我感到拨云见日般的兴奋，用一天的时间整理出了一份教案。师父贾雪芳老师看了说："你讲的这些我都不懂！"周校长说："学生对这些没兴趣。"李红主任说："说18首诗的诗情画意，平均两分钟一首，你太转了！"然后她们又都告诉我："背景资料要少用，这些历史知识离学生太远！要想法激发学生的兴趣！"这让我再次明确了我到底该教什么。但有了那一桶水的储备，再次备课让我感到游刃有余。

区教研员牛玉玺老师在评课时说："这节课有三大优点：大容量，涉及的古诗很多；恰当地运用了很多的图片；重运用。"周校长和李红主任都肯定了我在课堂上与学生的互动，课堂生成中的亮点。我想这与我前期的补课，与我收集的那一桶水是分不开的。学生说到哪首诗我就要知道是哪首，学生说到哪首诗我就要知道那首是怎么回事！那桶水增加了我的底气，才使我在课堂上更轻松。

这节课中也存在着很大的问题，正如余清臣博士所说："题目叫诗'情'画意，老师的语言也是抑扬顿挫的，但学生的'情'如何保持？"……这引发我继续思考，开始继续享受提出问题、解决问题的快乐。

【附件】

小　卷

1. 在期末写评语时，老师会祝你来年：（"　　　　　　　　　　　"）。

2. 走迷宫时，我怎么也走不出去，只能靠妈妈在迷宫外帮我指，宋朝诗人苏轼在《题西林壁》中的诗句（"　　　　　　　　"）说明的就是这个道理。

3. 表达朋友间情谊深厚时，我们可以吟诵（"　　　　　　　　　　"）。

4. 爷爷七十大寿，大家祝爷爷："福如东海，寿比南山"。爷爷却叹道：（"　　　　　　　　"）。我赶紧把爷爷的话打住："（'　　　　　　　　'）。爷爷，您的身子骨比年轻人还壮实呢。"爷爷高兴地笑了。

走进船的世界*

【研究内容】

北师大教材中有很多语文综合实践活动，老师在课堂上既要达到语文学科教学的目标和要求，还要引导学生提出学习和生活中的问题，有目的地搜集资料，进行考察，开展自主、合作、探究式学习，展示学生个性化、多元化作业方式。将语文与社会、语文与其他学科整合起来，书面与口头结合表达自己的观察所得。能在老师的指导下组织有趣味的语文活动，在活动中学习语文，积累文化素养，注重学生的个性化培养，培养学生的合作精神以及研究、策划、组织、协调和实施的能力。在家庭生活、学校生活中，尝试运用语文知识和能力解决简单问题，促进学生个性的自我发现和综合素质的提高。

＊　该案例及教学反思的作者为马静。

【教学目标】

1. 通过实地参观、调查访谈、查阅图书资料和互联网获取、筛选、整合信息，使学生了解船的历史发展和种类，认识世界名船，了解丰富的船文化，使学生受到美的熏陶。

2. 养成善于观察、善于思考，利用所学知识解决实际问题的能力。

3. 锻炼学生口语表达能力以及交往、小组合作能力。

【教学重点】

通过实地参观、调查访谈、查阅图书资料和互联网获取、筛选、整合信息，使学生了解丰富的船文化。同时也培养学生善于观察、善于思考，利用所学知识解决实际问题的能力。

【教学难点】

让学生养成善于观察、善于思考，利用所学知识解决实际问题的能力。

【教学准备】

一、准备策划阶段

(一)活动任务

利用寒假，调查：

1. 我见过的船   2. 我知道的船   3. 船的种类   4. 我设计的船   5. 船的历史故事   6. 船的名言警句、成语、诗歌、散文   7. 与船有关的音乐、图画……学生可以拍照片、做小报、打印资料，也可以做船模、设计船、绘制船。

(二)策划过程

1. 学生、家长、教师共同策划活动过程。

2. 家委会负责外出活动的组织。

(三)最终决议

1. 确定研究内容。

2. 确定研究方法。

二、实践活动阶段(历时 5 周)

(一)活动任务

带着任务对已有的船的知识做细致、深入地了解。

(二)活动过程

在此阶段,学生汇报收集到的大量资料。根据这些资料和研究兴趣确定研究与设计交流方案。教师在活动过程中,假期以短信的形式与学生、家长沟通。开学后,把调查情况分类,对学生进行分组指导,具体落实到每个学生,结合个体选题再查找资料。

(三)整体状况

每个学生在假期都做了不同程度的准备——制作航模、调查报告、手抄报,等等,学生对船有了初步的认识。

【教学过程】

一、展示交流阶段

(一)活动任务

师(语言):根据同学们的资料和研究兴趣,把研究内容分为四个部分(识船——赏船——走船——咏船)并提出展示要求。

【设计意图:通过板块设计,为学生理清思路,确定重点学习内容,为下面学习作铺垫。】

(二)活动过程

1. 识船

①领读船的名称。

②了解"舟"的汉字演变过程。

③让同学自己读一读船的名字,想了解哪种船就可以提问。

【设计意图:根据学生自身情况自愿领任务,内容多的请能力强、爱表现的同学负责,内容相对简单的请平时不爱讲话的同学负责。】

提问环节:及时了解学生需求,调整教学。(问题预判:这些船什么时期建造?有什么特点?)

根据航行位置、航行区域、用途划分船的种类,把它们编成顺口溜。

水面、水下、半潜船,

江轮、海轮、货运船,

客船、军舰、特种船，

独木、双体、气垫船。

【设计意图：主要从船的起源、船的历史发展以及船的种类三部分认识船，了解同学们的兴趣点。大略统计几种情况作介绍。】

互动环节：同学们，听了三个组刚才介绍的船，你们有什么样的感受呢？（船的发展是不断进步的。）老师补充评价。

2. **赏船**

①世界名船——

②世界上最快的船——

③世界上最大的船——

④特殊的船——

⑤运动项目——

⑥人民币上的船——

【设计意图：在赏船的同时，注意互动，激发学生学习的兴趣，拓展思维，引起思考。】

3. **走船**

①看参观天津基辅号航母照片。

②美文欣赏：（活动见闻）。

【设计意图：回顾学习过程，用美好的回忆激发学生对新鲜事物的浓厚兴趣。】

4. **咏船**

【设计意图：兴趣是最好的老师，以此作为语文学习的动力，使学生热爱语文，热爱写作。】

欣赏两篇学生的习作。

①他们的作品你认为什么地方最精彩？

②交流手中的作品，发表自己的看法。

③送书签活动（船的名言警句），与老师、同学互动。

小结：你们都有新的收获吗？和大家说说吧。读一读书签上的名言。

【设计意图：锻炼学生口语表达能力、与人交往能力，在交往中对名言有更深的领悟。】

二、活动结束，教师总结

师（升华船的意义）：船不仅是交通工具，更是美好事物的象征。朋友远行，我们常说：一帆风顺。今天，面对着你们，老师要说：祝愿我的学生，在知识的海洋里，扬起希望的风帆，乘风破浪，一路远行！

【教学反思】

《走进船的世界》语文综合实践活动课
——"多元化作业"教学反思

"没吃过猪肉，还没见过猪跑？"这是我们生活中的一句玩笑话，但是在语文实践课的课堂上，我真是经历了一次挑战。北师大版语文教材的每个单元后的语文天地中，经常会出现"畅所欲言"栏目。介绍自己喜欢的邮票、见过的桥、人民币、自己制作贺卡……这是一个选题很广泛的、引导学生认识外面世界的窗口。然而，语文教学的研究，往往都会把阅读教学作为研究的中心，"畅所欲言"是一个很少被众人关注的角落。

这样的课型深受学生喜欢，在这样的课堂上，可以训练学生语言表达能力和组织能力。四年级语文第八单元的"畅所欲言"主要内容是"聊一聊我见过的、知道的、设计的船"，如何上好这一综合实践活动课呢？

我个人认为，语文综合实践活动课既要达到语文学科的教学的目标和要求，还要引导学生提出学习和生活中的问题，有目的地搜集资料，进行考察，开展自主、合作、探究式学习，展示学生个性化、多元化的作业方式。将语文与社会、语文与其他学科整合起来，书面与口头结合表达自己的观察所得。学生能在老师的指导下组织有趣味的语文活动，在活动中学习语文，积累文化素养，同时培养学生的个性，培养学生的合作精神以及研究、策划、组织、协调和实施的能力。在家庭生活、学校生活中，尝试运用语文知识和能力解决简单问题，促进学生个性的自我发现和综合素质的提高。

一、理论＝实践？

理论上的东西在付诸行动时，效果不一定好。在讲课前，我所有的经验只是自己对课的粗浅的理解。这让我不由得想起了"盲人摸象"的故事。在拓展课的讲台上，我就是一个盲人，所讲的内容很可能只是其中的一个部分。

即使如此，我还是精心设计了教学目标。

1. 通过实地参观、调查访谈、查阅图书资料和互联网获取、筛选、整合信息，使学生了解船的历史发展和种类，认识世界名船，了解丰富的船文化，使学生受到美的熏陶。

2. 养成善于观察、善于思考的习惯，以及利用所学知识解决实际问题的能力。

3. 锻炼学生口语表达能力以及交往、小组合作能力。

二、关注学生差异，为每个学生寻找锻炼自我的舞台

在寒假期间，我就和班级学生商量，假期开始查找有关"船"的知识。例如：见过的船、做（坐、画）过的船、从网上或课外书中了解到的船、家长眼中的船，以及和船有关的成语、名言警句、歌曲，等等。

孩子们用心去找了，我也把学生的调查资料用心、系统地收集、整理了，不少能力强的学生还动手制作了PPT，这都是很好的可以利用的资源。

作文课上，我和孩子一起折纸船，同时引导他们回忆自己制作船模（画船）的过程，并且把制作的过程以习作的形式记录下来。在作文指导课、讲评课上，我们经历了一次次对船的认识。因为学生感兴趣、有经验，习作写起来得心应手。

为了让孩子有亲身感受，在家委会的协助下，我们还旅行到天津去看航母。一次次的视觉冲击，更激发了学生对"船"的兴趣。

在"识船、赏船、走船、咏船"几个环节中，我根据学生查找资料的情况，选派组长，并由组长自由选择组员参与学习，对于自信心不强且不愿意表现自己的学生，我特意自编"船的种类"的儿歌，让他们集体上场展示，消除紧张感。

这些环节的设置，无形中激发了学生对船的兴趣，锻炼了他们的口语表达能力，在众人面前大胆讲话的能力，以及对资料删减、利用的能力。

在准备过程中，学生收集到了很多和船有关的成语、名言、诗句，于是，利用午休时间，我带着孩子一起把这些内容制作成了精美的小书签。书签图文并茂的设计增强了学生的审美意识。在课中，我请学生把书签送给好友或者听课的老师，在与老师的互动中，孩子们的口语表达再次得到锻炼，自信心更强了。

在准备过程中，又有家长向我建议：孩子学习乐器有一段时间了，希望老师能够给孩子提供展示的机会。于是，手风琴伴奏、全班合唱《让我们荡起双桨》的想法映入我的脑海。没有想到的是，应×、宋××两个平时比较

内向的大男孩，主动找到我说：老师，我们用大号也能演奏这首乐曲。不久，又有学生建议：老师，我们班闫×、宋×唱歌好，应该让他们领唱；老师，韩×、王×跳舞好，可以让他们伴舞。于是，在一个个的建议下，我们班的节目《让我们荡起双桨》就这样成形了。

三、反思与不足

总结起来，我的课堂还存在很多的不足。例如：课堂生成不够，学生互动不足，等等。课堂上的 40 分钟，没有展示出孩子们平日里对这节课所投入的巨大的热情，是我在设计时的疏忽。但是，让我感触最深的不是最终的结果，而是这个准备的过程。几个月来，孩子们查找资料的热情，制作小书签的兴趣，一次次悄悄演练的付出，习作时为了写清每个步骤不断地去折纸船的严肃态度，家长们的热情相助，都深深地感染了我。这看似不起眼的一节课，或许就会激发起孩子对船的热爱。在未来的中国船领域设计师的名单上，或许就会出现我熟悉的名字。因为，兴趣是最好的老师。

语文拓展课，刚刚起步，专家的建议对我今后的课堂教学有很好的指导作用。这节课，也激发起了我对这门课程的探索、实践的兴趣。"地上本没有路，走的人多了，也便成了路。""路漫漫其修远兮，吾将上下而求索。"借用屈原的话作为结尾，在教学研究的道路上，我们任重道远，勇敢者仍要继往开来。

话说地名*

【研究内容】

"地名"是北师大版小学语文四年级上册第七单元的单元主题，本单元没有安排具体的课文，是一个开放单元。本课时的教学内容节选自"语文天地"中第三部分"初显身手"——开展地名游艺会的综合实践展示活动。

【教学目标】

1. 通过询问家长、利用互联网等形式广泛地收集有关资料，进一步了解

---

* 该案例及教学反思的作者为何桂兰。

地名的命名和它所蕴含的文化内涵。

2. 在实践活动的过程中，培养学生收集、筛选信息的能力，同学之间合作学习的能力，锻炼学生学语文、用语文、独立解决问题的能力，培养学生在生活中学习语文的意识，充分体验在实践中学习语文的乐趣。

【教学重点】

通过询问家长、利用互联网等形式广泛地收集有关资料，进一步了解地名的命名和它所蕴含的文化内涵。

【教学难点】

在实践活动的过程中，培养学生收集、筛选信息的能力，同学之间合作学习的能力，锻炼学生学语文、用语文、独立解决问题的能力，培养学生在生活中学习语文的意识，充分体验在实践中学习语文的乐趣。

【教学准备】

1. 布置学生通过网络、图书等查找、了解地名的谜语、诗句，收集地名及地名的来历等资料。

2. 教师收集相关地名的资料并形成资源库，供学生阅读探究。

【活动步骤】

1. 确定研究主题，自主组合小组，各组分工，策划研究方案。

2. 组织调查、收集资料。（课下完成）

3. 合作筛选、整理资料，共享资源，准备展示。

4. 成果展示。（本课时）

【教学过程】

一、导入

我国是一个泱泱大国。（出示地图）在这辽阔的版图上，有众多的市、县以及数不清的村庄、街道。每个地方都有自己的名字，今天我们就一起话说地名。（板书：话说地名）

关于地名，我已经做了调研，通过梳理，发现你们最想了解这些内容。

出示：

1. 北京的地名知识

2. 中国一些地名的来历、含义

3. 地名有哪些规律

4. 古今地名的差异

5. 还有哪些有意思的地名

6. 中国有多少地名

7. 还会有新的地名出现吗

……

同学们也做了一个多月的准备，现在，我们就来展示交流，看看这些问题，今天能不能得到解决，你是否还有更大的收获。

二、活动

(一)北京的地名

1. 组长：先从我们共同生活的北京说起吧！同学们，你们知道北京的来历吗？你们知道西单、东单这些名字是怎么来的吗？谁知道公主坟的名字是因什么而得的？

同学反馈。

2. 组长：那么，就请跟随我们一起感受北京的地名文化。边听边完成你们手里的导学卷。

北京地名展示(配音乐)。

3. 组长：刚才的问题，你们能回答了吗？

反馈导学卷上的问题。

4. 教师：听了这些地名介绍，你有什么感受？

学生自由谈感受，教师提升。

教师小结：这一道道门，一条条街，都记载着北京古老的历史，岁月的变迁，那一条条胡同更有道不完的老北京的风土人情……

(板书：历史变迁　风土人情)

过渡：让我们继续捕捉地名中意蕴丰富的内涵！

(二)家乡的地名

1. 组长：虽然我们共同生活在北京，但是，很多同学都有自己的老家，我的老家是江西，你们知道江西的地名有什么特点吗？你们知道湖南地名的来历和什么有关系吗？……现在，就请跟随我们走一走，边听边完成导学卷。

家乡地名展示

2. 听了我们的解说，你们对我们几个人家乡的地名了解了吗？

反馈导学卷上的问题。

3. 教师：走出了北京，我们果然开阔了视野，同学们，从这些地名中，你们又看到了什么？

4. 教师小结：这些地名描绘了祖国的锦绣河山。

（板书：锦绣河山）

（三）中国的地名

过渡：地名真是一位神秘的大师。让我们继续寻找它智慧的身影。

组长：请跟随我们走向全国。

A组：

1. 组长：先听我们A组介绍。看看我们介绍的地名有什么特点。

中国地名A组展示

2. 组长：同学们，我们A组的地名有什么特点呢？

反馈：与山水有关的地名。

3. 教师：为什么这么多的地方以山、水命名呢？

教师小结：表达了天人合一、与自然和谐相处的朴素思想。

B组：

1. 组长：我们组介绍的地名又有哪些特点？

中国地名B组展示

2. 组长：我们组的地名和什么有关系呢？

反馈：食品——生活富足；植物——五谷丰登；动物——牲畜兴旺；矿产——生活富裕；颜色——美丽、吉祥。总之，人们希望丰衣足食。

3. 不管是希望与自然和谐相处，还是希望丰衣足食，都表达了人们安居乐业的心愿。

（板书：安居乐业）

C组：

1. 组长：看看我们组的地名"趣"在哪儿呢。

中国地名C组展示

2. 组长：我们组介绍的地名有趣吗？"趣"在哪儿呢？

学生自由谈论。

3. 教师相机提升：以地名命名地名

（板书：文化交融）

以方位、数字、姓氏命名：无穷智慧。

教师提问：这里，我也有一个困惑。

出示：

贵州有仁怀，山西有怀仁；

江西有安福，福建有福安；

广西有平南，福建有南平；

云南安宁，甘肃安宁；

山西大同，黑龙江大同。

中国的文字那么丰富，这些地名为什么单单在这些字上做文章呢?

教师小结：这些地名用字蕴含着我们尊崇的儒家道德思想，表达了人们幸福、吉祥、安康的美好愿望。

（板书：美好愿望）

D组：

1. 组长：现在该我们D组介绍了。你们知道包头是什么意思吗？你们去过门头沟的爨底下村吗？

同学反馈。

2. 组长：那么就听我们介绍。并且完成导学卷。

中国地名D组展示

3. 组长：刚才的问题能回答了吗?

反馈导学卷上的问题。

4. 教师：听了他们的介绍，你感受到了什么？

教师小结：中国汉字笔画丰富、内涵丰富、寓意丰富，汉字文化的丰富内涵成为命名地名的依据。

（板书：汉字文化）

(四)谜语地名

1. 组长：同学们累了吧，我们放松一下吧！

谜语地名组展示

2. 教师小结：成语、古诗、歇后语中都蕴含着地名。原来地名和我们的语言这么息息相关呢！

（板书：语言文化）

（五）古诗地名

1. 组长：请和我们去古诗里面寻地名吧！

古诗地名组展示（配音乐）

2. 教师：这些地名，让我们真切地感受到了古今地名的差异。

（六）名人地名

1. 同学们，继续我们的地名探究活动。

名人地名组展示

2. 地名竟然能够让我们结识这么多有名望的人。真像一本名人大事记，简直是一次名人文化之旅。

（板书：名人文化）

过渡：无穷的地名，有限的时间，的确还有很多等待着我们去寻找、去探究！

（板书：……）

三、反馈

师：通过展示交流，这些问题解决了吗？你有新的收获么？

学生自由谈论。

师：今天，我们一起话说地名，仿佛饱食了一顿文化荟萃的大餐，地名真是一本读不完的百科全书啊！

（板书：文化荟萃　百科全书）

四、总结

教师小结：同学们的交流展示，可谓图文并茂、内容详实，大家口齿伶俐，表达清晰，让我大开眼界。通过这次的语文综合实践活动，你们也谈谈自己的收获吧。

自由谈：我了解了地名的知识非常丰富；我知道我们祖国的人民充满了智慧；我学会了从网上搜集资料，筛选资料；我学会了怎样与同学合作，我懂得了当我遇到不明白的问题可以利用网络、书籍、调查等方法解决……

五、作业

今天的活动让我们余意未了，课后请同学们拿起笔，记下这一瞬间。

作业可任选一项，写一写。

1. 我还能编地名谜语。

2. 我想把地名串联在一起，编一个有趣的旅游故事。

3. 我还知道家乡有趣的地名。

4. 通过这次实践活动，我想写写我的收获。

【板书设计】

地　名

历史变迁　　风土人情　　锦绣河山

安居乐业　　文化交融　　美好愿望

汉字文化　　语言文化　　名人文化

……

文化荟萃　　百科全书

【教学反思】

有效引领　开发潜能

《话说地名》综合实践课虽然结束了，而历时一个多月的准备过程，却让我感触颇深。它将影响着我的教学生活，改变着我的教学观念。

以前观摩这样的课，总觉得像班队会，缺少思维含量，缺少语文的味道，对这样的课曾经颇有质疑。而这次的亲身尝试——每一天的紧张筹备，每一次的点拨触动，每一回的修整完善……让我对此有了全新而深刻的认识。

首先从教师的角度来谈，我们知道学生创新思维的形成，创新习惯的培养是非常重要的。教学时我们要给孩子们搭建发展的平台，给他们营造良好宽松的创新环境，但更重要的是要进行有效引领，才有可能让学生的潜能得到全面开发。

综合实践课以学生展示为主体，不像阅读教学那样，老师独霸讲台。然而老师的主导作用却是极为关键的，好比影视剧的策划与导演。就这节课而言，我深深地体会到综合实践课更需要老师深刻挖掘教材，把握教材；同时高瞻远瞩，从知识的训练到能力的培养，不但要有准确的定位，还要有合理的规划，才能一步步引导孩子从此岸到彼岸，在过程中开发学生的潜能。

这是我第一次当"导演"，在摸索着前行。但是，在这个过程中，学生的兴趣、潜能还是得到了有效的开发。

一、参与的全员性

以学生为主体，是我们教学改革的一大使命。平常的阅读教学，我们使出浑身解数，从教学设计到课堂把控，每一个环节、每一句话，都为了让学生积极参与。而很多的时候结果是"学生没有动起来"，"学生参与面窄"，"课堂太沉闷了"……总有一部分孩子整堂课做老好人，既不闹，也不说。

而综合实践课却把这点落实得淋漓尽致，真正让学生成为学习的主人。《话说地名》这节课，没有老师的反复动员，全班 43 名同学，全员参与。整个过程一起动脑、动手。正是因为全部参加，每个孩子都不想落后，都竭尽全力地做最好的自己。因此，课堂上的每个环节，孩子们都跃跃欲试、兴趣盎然。有的孩子因时间关系没有展示竟难过得落下了眼泪……这或许就是综合实践课的魅力所在吧！——因为孩子们觉得这才是他们自己的课！

二、过程的挑战性

以前，我认为这样的课只要老师搜集好资料，让学生背诵就可以了。而实际的过程却是环环相扣、充满挑战，绝非老师的力量所及。因为它所涉及的是一个庞大的知识体系，一个思维不断沉淀的过程，一个由内在积淀向外在展示的过程……事实上，这些无一不得学生亲力亲为，老师能做的只是引导与组织。

开始，学生上网搜集感兴趣的地名。当这些零散的、富于个性的资料在班上汇集的时候，孩子们发现，有的同学和自己兴趣吻合，资料内容相近，于是，全班同学按资料分类组成了 6 个组——北京地名组、家乡地名组、中国地名组、谜语地名组、古诗地名组、名人地名组。而中国地名组，涉及的内容比较多，在对内容逐渐消化、理解的过程中，最终，这个组又分为了 4 个不同类别小组——中国地名 A 组、B 组、C 组、D 组。

简单的分组，看似内容的归类、组合，其实不然，因为 43 名同学的资料数不胜数，重合的、相近的、相关的以及毫不相连的……需要在理解的基础上，进行细致地甄别、比较、组合，达到每个组都特色鲜明的效果。这个过程使得这节课内容丰富而又清晰、有序。

接下来的文字呈现，就更加富于挑战了。最初的资料是繁琐的、凌乱的，来源渠道广，术语较多，不但读起来拗口，听起来也比较生涩。这就需要进行筛选、整理以求精练易懂。事实证明，这绝非简单的删减文字问题，而需要对知识不断吸纳、理解、沉淀。只有做到轻松驾驭，才能在庞杂中精练，在凌乱中清晰。

例如：有一个同学介绍北京带"龙"的地名。开始查找的资料是"北京带龙的地名很多，粗略地统计一下，就有二百多个。无论城区，还是郊区、郊县，不分山地还是平原，几乎哪个区县都有带'龙'的地名……"一共 3799 字，详细地介绍了这些地方的位置以及名字的来历与变迁，其中不乏传说与故事。内容详实生动。然而全部呈现不可能，删去哪一部分又都觉得可惜，几易其稿，都显冗长，孩子反反复复地研读，直到有一天，把资料这样呈现在我的面前：

龙，是中国古代传说中的一种神奇动物，能兴云作雨，造福人类，所以人们都崇拜它。因此，北京带龙的地名很多，粗略地统计一下，就有二百多个。

北京的一些龙地名可以组成一条地名龙。先是龙头，大兴区礼贤镇有个村庄，名字就叫"龙头"，另外，西城区有一条斜街，名字就叫龙头井街。龙头上有龙嘴、龙眼、龙角、龙须。在北京的龙地名中，除了不见龙角以外，还真有龙眼、龙嘴、龙须的地名呢！昌平区小碾村有一长年吐着甜水的泉就叫龙眼。与龙身有关的地名是海淀区的龙背村和房山区龙骨山。在北京的龙地名中，真有与龙爪有关的，那就是宣武区（现已并入西城区）的龙爪槐胡同。以上不正是一条地名龙吗？

繁杂的资料变成如此眉清目秀的"作品"——先从人们对"龙"的膜拜与崇敬开始，引发以"龙"命名的地名，又按照一条龙的顺序，介绍这些地名，即龙头、龙眼……庞杂的资料理出这么清晰的思路，这是多么难得！试想，如果没有深入的研究、透彻的把握，又怎么能做到这样呢？而课堂所呈现的全部内容无一不是这么沉淀下来的。

PPT 的形式对四年级的小学生来说，也是一大考验。从文字到图片，从声音到动画，从粗糙到精致，从平淡到美观……老师每天察看，每天点评；孩子们每天求教，每天修改。就这样，他们一天天地完善自己的作品，我一天天地收获着他们进步的喜悦。当这些精彩的画面艺术地呈现在大屏幕上的时候，在场的听课老师无不感叹，都说这是一项庞大的工程。是啊！这一点一滴都留下同学们探索的足迹，现在回想起来，他们还是那么地有成就感。

尽管每个字都冥思苦想，每句话都精心雕琢，但是实际展示如果这样的话，就显得脱离生活，呆板而僵化。要口语化，要富于启发性，要设置悬念，有时还要富于幽默感，让倾听的人有足够的兴趣。看似只是变换了表达形式，实则显示出对知识的驾轻就熟，运用自如。

例如：两个学生介绍湖南地名来历，他们由开始平铺直叙的独白变成最后如下的演说。

生1：长沙沙水水无沙。

生2：常德德山山有德。

生1：同学们，长沙、常德是哪儿呢？

合：对，这是我的家乡湖南。

生1：湖南因地处洞庭湖以南而得名。

生2：因湘江流贯全境而简称"湘"。

……

简练清晰、展现特色、富于节奏，深深地吸引着听众。

再如：一个老家苏州的同学介绍"拙政园"。

生：我来给大家介绍一下拙政园。同学们，你们说"政"是指什么呢？（政治）

生：那么，"拙"我们通常组什么词呢？（笨拙）

生：对了，"拙政"就是笨拙的政治。就是说这个人在官场上混不下去了，于是就回自己的家乡修了个园子，修身养性，取名拙政园。这个人名字叫王献臣。

这样的表达设置悬念，富于幽默感，使倾听的人充满兴趣。

三、思维的深入性

课堂上，孩子看似在背诵、演说，其实，这里面有很高的思维含量。且不说准备过程是多么绞尽脑汁，单说课堂上的互动环节吧！生生互动是对知识的一种验收与巩固。每个小组不但在展示时百花齐放，还出了导学卷，让同学们边听边做，以聚焦思维。师生互动使学生思维跨越到一个新的高度，如果说学生资料的展示是横向的宽度，那么师生互动就是纵向的深度，是在掌握知识基础上的一种探究与提升。

例1：在北京地名组展示完毕后。

师：听了刚才的介绍，同学们有什么感受呢？

生：我只知道北京有九门，而且现在这九门是什么车都能通过的。却不知道在古代这九门还有这么大的讲究，不同的门走不同的车，这可以充分看出我国古代的等级制度。

生：还能看出当时的皇帝治理北京也是很有条理的。

生：一亩园、二里沟……这些以数字命名的地名就在我们身边，可却不知道它们都有自己的故事。

生：我去过二里沟小学，原来那里曾经是一条水沟啊！

生：我家住在五棵松，听了介绍，我好像觉得五棵松树就在眼前。

生：西单是因牌楼而得名，也就是说，现在繁华的西单大街在当时有一座大大的牌楼。

生：那些以窑命名的地名，在明成祖时代都是烧砖的窑洞啊！

生：烟袋斜街上当年有许多卖烟袋的铺子，叫卖声不绝于耳。

生：今天，通过介绍地名，我仿佛看到了老北京的样子。

生：我也了解了北京作为帝都，是有很多规矩的。

……

师：这一道道门，一条条街，都记载着北京古老的历史，岁月的变迁，那一条条胡同更有道不完的老北京的风土人情……

这些探索使学生跳出对于地名的了解认知的层面，上升到对地名文化深层次的探索高度。

例2：学生展示了文字颠倒的地名、相同文字的地名后。

师：老师有一个问题，需要和你们探索。

出示：

贵州有仁怀，山西有怀仁；

江西有安福，福建有福安；

山西大同，黑龙江大同；

师：中国的文字那么丰富，为什么这些地名单单在这些字上做文章呢？

生：可能是这些字有特殊的意义吧！

师：那么，我们就来看看，这些字有什么意义呢？

生：仁怀、怀仁有慈悲为怀、仁义礼节的意思。

生：安与福是平安、幸福的意思。

生：大同，意为天下大同、太平盛世。

师：这些地名蕴含着我们所尊崇的儒家道德思想，表达了人们渴望幸福、吉祥、安康的美好愿望。

例3：学生搜集了许多含有相同文字的地名——甘肃有天水，江西有修水，山西有文水；江西有贵溪、资溪、金溪，安徽有绩溪、郎溪……另外还有很多含有"江、河、湖、海"以及"山、川、城、州"等字的地名。

师：这些地名有什么特点呢？

生：和山、水有关系。

师：我国为什么那么多的地名和山、水有关系呢？

生：因为我国山多、水多。

生：因为人们喜欢山、水。

师：是啊！山、水代表大自然，人们希望天人合一，要与自然和谐地相处。

这样互动，由表及里，触及内涵，一节课下来，学生对于地名文化有了深入的认识。

四、训练的综合性

综合实践课能使学生得到全面的训练。因为在课上学生是实实在在的主角，所以，他们能实实在在地体会到"台上一分钟，台下十年功"的深刻内涵。收集资料、筛选资料、整理资料、运用资料，表达、探究、内化，学生从实践中一点一滴得到锻炼。过程虽然磕磕绊绊，但是孩子们尝试了，收获了，提升了……

值得一提的还有综合实践课的语文味，它既不能上成班会展示，也不能上成思想品德课，要时时处处展现语文元素。《话说地名》不但整个课是在挖掘中国地名文化的宏观背景下展开，各个环节的设计也都以语文学习为依托。例如：学生介绍爨底下村。先从笔画说起，"爨"字共有三十笔，兴字头、林字腰、大字下面加火烧；再谈字义，"爨"字解释为"家，永不分爨，即永不分家"，还解释为"灶，烧火煮饭"；最后谈字音，这字难写难认，会写则成爨，不会写则成一片，故而用谐音"川"字代之，但仍发爨音。从解读汉字的音形义来探寻地名文化。

谜语地名中有二字词、三字词、四字词语以及歇后语和古诗。如：理想境界、四季花开，不冷不热的地方（歇后语），春城无处不飞花（古诗）等。也是和语文学习密切相关的。

这节课仿佛一顿文化大餐，每一道菜都是珍馐美味，因为它们凝聚着学生的心血与智慧；又仿佛五颜六色的贝壳，每一颗都独具特色，每一颗都光彩照人，因为这里有的是汗水与劳动。

因为付出，所以收获，如果说有什么建议的话，那就是综合实践课不能局限于课堂有限的时间，应该给学生更为宽松的时间和舞台，应该让这种学习成为语文学习的一种常态。我们的教材每个单元都有单元主题，每个主题都能拓展，我们在教学中要有意识地引导学生去尝试综合实践。我想经过老师这特殊的"导演"一次次引领后，学生能够"学而优则导"，自发主动地去探索完成这一过程——设置主题、查找资料、甄别筛选、个性呈现……我相信只要我们一如既往地努力，一定会让语文教学达到这一新的境界。

【附件】

"北京地名"导学卷

1."西单、东单、西四、东四"都是因此地有（　　）而得名。

2. 当年（　　）迁都北京，大量工匠涌入，使得北京的窑逐渐增多。

　A. 东岳大帝　　　　B. 明成祖　　　　C. 朱元璋

3. 十里河是因为距左安门十里，且村北有（　　），合而称之。

　A. 亮马河　　　　B. 肖太后河　　　　C. 永定河

4. 八王坟是清努尔哈赤第（　　）子阿汲格的葬地。

　A. 8　　　　　　B. 2　　　　　　C.12

5. 请连线：北京的九门走九车。

　朝阳门　　　西直门　　　宣武门　　　阜成门

　　　　水车　　　粮车　　　煤车　　　囚车

6. 北京的胡同大多形成于（　　）朝，四合院之间的通道就是胡同。

　A. 唐　　　　　　B. 宋　　　　　　C. 元

7. 十大胡同中最有文艺气质的一条胡同是（　　）。

　A. 东交民巷　　　B. 百花深处　　　C. 琉璃厂

8. 北京最窄的胡同叫（　　），最窄处仅 0.4 米。

9. 最古老的胡同是砖塔胡同，始于（　　）朝。

  A. 清   B. 元   C. 明

"家乡地名"导学卷

1. 湖南因地处（　　）以南而得名。因（　　）流贯全境而简称"湘"。

  A. 湘江   B. 洞庭湖

2. （　　）县取乡土安宁之意而得名，也刘少奇的故乡。

3. （　　）是因门前池水明亮清澈而得名，毛主席在这里成立中国最早的省级党支部。

4. "郴州"的"郴"字意思是（　　）。

5. 相传"北雁南飞，至此歇翅停回"，所以衡阳又被称为（　　）。

6. 明朝御史（　　）因官场失意而还乡建园，命名为"拙政园"。

  A. 王献臣   B. 李秀成   C. 夫差

7. 镜泊湖的传说和美丽善良的（　　）有关。

  A. 红罗女   B. 田螺姑娘   C. 嫦娥

8. 净月潭的由来和中国一段屈辱的历史有关。当时（　　）侵略长春。

  A. 英国   B. 日本   C. 法国

9. 在西安，古代卖过中药的地方叫（　　），卖案板的地方叫（　　）。

  A. 案板街 B. 五味十字

10. 西安下马陵是汉武帝为纪念（　　）而命名的地名。

  A. 董仲舒   B. 窦婴   C. 许昌

"中国地名"导学卷

1. 连线。

    包头   日喀则   西双版纳

  "理想而神奇的乐土" "水土肥美的庄园" "有鹿的地方"

2. 爨底下村中的"爨"，下面解释不正确的是（　　）

  A. 家，即永不分家 B. 灶，烧火煮饭 C. 川，一条大河

3. 勒马听风街和两个历史人物有关，他们是（　　）和（　　）。

4. 魔鬼城是因为此地为（　　）地貌而得名。

A. 雅丹   B. 喀斯特   C. 平原

5. 云南大理的(   )因形状像人的耳朵而得名。海南的毛公山因像伟人(   )半身仰卧像而得名。

6. 读出这两个地名：蠡县(   ) 兖州(   )

奇妙的石头*

【研究内容】

北师大版语文教材三年级下册第6单元。

【教学目标】

1. 通过实地参观、调查访谈、查阅图书资料和互联网获取、筛选、整合信息，加强语文学习的实践性和学习的个性化，使学生能按自己的兴趣和爱好探究石文化。

2. 了解石头的类型，了解丰富的石文化，激发学生探索石头奥秘的兴趣，领略石头深刻的人文内涵，并受到美的熏陶。

【教学重点】

通过实地参观、调查访谈、查阅图书资料和互联网获取、筛选、整合信息，加强语文学习的实践性和学习的个性化，使学生能按自己的兴趣和爱好探究石文化。

【教学难点】

了解石头的类型，了解丰富的石文化，激发学生探索石头奥秘的兴趣，领略石头深刻的人文内涵，并受到美的熏陶。

【教学准备】

1. 针对孩子们感兴趣的几个方面进行小组分工，由小组长具体进行安

---

* 该案例及教学反思的作者为徐宗舫。

81

排，定出负责搜集、整理、汇报的组员。利用清明节假期，由家长自愿带着孩子参观奇石展，并拍回照片。

2. 多种途径搜集自己喜欢的石头进行欣赏、绘画、描写。

3. 分工和分组。

1组查找石头的类型，2组查找风景石，3组查找世界的奇石，4组查找石头的故事，5组查找寓理石，6组描绘石头。

4. 每一组活动的具体要求。

查找石头的类型、风景石、世界的奇石、石头的故事、寓理石的小组要通过个性地搜集、提炼、整理资料，合作学习后带回资料和图片。描绘石头的小组要向同学讲述怎样进行石头的描绘，并介绍自己的图案。最后描写自己喜爱的石头时要带来实物或照片，并按照表格要求会写一段话。

【教学过程】

一、欣赏石头，激发兴趣

1. 导语：我们一起学习了石头这一单元，不仅感受了陨石的奇妙，而且领略了和氏献璧中卞和的坚贞不屈。石头随处可见，装扮和丰富着我们的生活。下面，我们就一起探讨中国的石文化吧！

2. 学生介绍。

3. 欣赏学生作品。

【设计意图：由学生介绍自己所看见、所观察到的石头，从孩子所熟悉的事物开始，更能激发学生学习的兴趣。】

二、汇报资料，领会奇妙

1. 师：哪个小组先来给我们介绍你们搜集到的石头？

2. 学生介绍。

3. 风景石——感受美。

出示风景石：我们主要搜集了风景石。把它们在观赏和应用上分成五大类：

第一类谓"天然风景石"。

第二类谓"庭园景石"。

第三类谓"盆景石"。

第四类谓"石工艺"。

第五类是石质艺术品。

4．奇异石——领略神。

【设计意图：从普通的石头到奇石，孩子们在观看中欣赏，在欣赏中感受，在感受中品味。让全体学生参与，激发兴趣，有层次地引发学生深度思考。】

三、讲述故事，感悟内涵

1．故事石——体会趣

(1)黄山奇石的传说。

(2)女娲补天遗下的五彩石。

(3)海力布的故事。

(4)青芝岫。

2．普通石——感悟理

(1)铺路石。

(2)生：也许根本没人会去注意它，因为它真是太普通、太平凡了。我们天天踩在它们身上，可它们并没有一点怨言。它们从生命的开始到结束，一直都在奉献、付出。

(3)师：从这些铺路石身上，你会联想到什么？

师：让我们一起再读这极普通而又不平凡的铺路石。

3．齐背《石灰吟》

师：在我们身边，你在哪里还看到这样普通的石头？

师：还有一种让人无限追思的雨花石！

4．雨花石：雨花石的传说

【设计意图：在画石、赏石中感受石头中所蕴含的人文内涵，体现语文的工具性与人文性的统一。】

四、描写石头，表达情感

1．同学们都描写了自己喜欢的石头，让我们来看看。

2．出示范文。

3．反馈(中间穿插师生的写作方法点评)。

【设计意图：通过"描写石头"这种方式，让全体学生参与，激发他们的兴趣，让语文综合课体现语文味。】

五、拓展延伸

1. 师小结。

2. 奇石的收藏。

六、布置作业（选择一项做）

1. 积累含有"石"字的成语。

2. 观察身边石头，有兴趣可收藏。

3.《红楼梦》又叫《石头记》，这是为什么？查一查，读一读。

【板书设计】

奇妙的石头

画石

赏石

写石

藏石

【教学反思】

《奇妙的石头》综合实践课反思

北师大版语文三年级下册第 6 单元以"奇妙的石头"为主题，不仅讲述了石头的知识和故事，还具有深刻的人文内涵。这次语文综合实践活动，不仅要达到语文学科教学的目标和要求，还要培养孩子们有目的、有个性地搜集、提炼、整理资料的习惯，合作学习，将语文与社会、语文与其他学科整合起来。在老师的指导下组织有趣味的语文活动，在活动中学习语文，积累知识，个性化地运用知识，提高语文素养。

一、在活动中体现语文特点

本单元以"奇妙的石头"为主题，讲述了陨石的知识和《和氏璧》的故事，孩子们兴趣很浓，有继续探究石头知识的渴望。从学情出发，从教材中"语文天地"的综合实践活动出发，我决定带孩子们更深入地了解石头，于是，把全班 39 人分成 6 个小组，针对孩子们感兴趣的几个方面进行小组分工，由小组长具体进行安排，定出负责搜集、整理、汇报的组员。然后，利用清明节假期，由家长自愿带着孩子参观奇石展、奇石馆，并拍回照片。有的学生在家长的帮助下查找石头的类型、石头的故事，多种途径搜集自己喜欢的石头，进行欣赏、绘画、描写石头。在描写石头环节，同学们可以模仿诗人的方法，先仔细观察再展开想象；可以用向石头提问的方式写石头；还可以拿出自己喜欢的石头，或选一张石头图片，以《我喜欢的石头》为题目写一写。

我同时出示提示表格：

喜欢石头的照片
石头的特点：
喜欢的原因：

并提出具体要求：（1）可以对照这个表格，按一定的顺序描写石头的样子(包括形状、颜色、花纹、质地)、来历、背后的故事，还可以写一写石头所蕴含的精神。（2）抓住特点说具体，在仔细观察的基础上，可以用恰当的修饰词语进行描述，还可以展开合理、有根据的想象。

最后，孩子们动笔写出了自己喜欢的石头，同学之间互相启发、补充，老师顺势引导、提升学生的发言水平，做到有详有略。最后交流习作，让孩子们的语文素养在乐学中不断提高。

二、在设计上体现多样化

这节课既介绍石头感悟内涵，又讲述故事石体会趣味、领略神奇，内容丰富，形式多样。走进这石头的世界，孩子们尽情地感受石头的奇妙——有默默无闻的普通石头，有富有艺术感的奇形怪石。中国有四大奇石：东坡肉形石、岁月、中华神鹰、小鸡出壳。依据名字，孩子们描述着，介绍着，他们还给奇石起名字……同学们就像小画家，画了很多石头的造型；又像小小考察家，考察了许多地方的石头，他们讲述着，倾听着……

三、在课堂上提供自主空间

随着新的课堂标准的实施，给学生提供更多更好的自主空间变得相当重要。在当代这信息社会，合作十分重要，在学习中学会合作，在合作中学会学习，在合作中取长补短，在合作中快乐进步。本课安排了小组合作，鼓励学生自主合作——自选合作伙伴，自选合作内容，自己上网查找资料等等，真正做到充分自主学习，并在学习中体现合作的价值，讲求合作学习的效果。在这节课的整个课堂中还需多为学生创设展示的平台——语言表达的展示、资料的展示等，充分体现语文的工具性和人文性。展示过程也是他们学习的过程，他们在展示中学会思考，学会学习，并使听、说、读、写能力得到提高与训练。他们展示的不仅仅是知识，更多的是才艺与信心。开放的课堂会令他们终生难忘，让他们的童年更有色彩！教学的过程，是每个学生潜心学习，获得个人体验的过程；是学生、教师、文本对话，思维碰撞、情感交流的过程。总之，在语文实践教学中，教师应该尊重学生的个性，还学生自由的空间；教师应善于营造民主、平等、宽松、自由的课堂氛围和学习环境，让学生的个性得以充分张扬，让人文精神在语文教学中得以渗透。

这节课还有许多不足之处，教学方法还应灵活多样，教学设计还应与时俱进，多姿多彩。课堂中还应突出学生个性化参与。另外，课堂环节和内容比较多，难以走实，容易给人表演感。

这次语文综合实践让我走进了一片新天地，也让我们获得了思想上的启迪与洗礼，让尘封的头脑引来了甘泉活水。此时的我不再感到迷茫与困惑。如果你要问"路在何方"，我的回答当然是"路在脚下"。

小地名　大学问 *

【研究内容】

北师大四年级上册第 7 单元"地名"。

【教学目标】

1. 通过对地名的研究，激发学生学习语文的兴趣，促进学生探究知识。

2. 通过学习、讨论及查阅资料，了解北京地名的历史渊源、变化，培养学生收集信息、处理信息的能力，并能整合信息表达出来。

3. 能够运用资料，恰当地提出问题，和同伴互动交流。

【教学重点】

通过学习、讨论及查阅资料，了解北京地名的历史渊源、变化，培养学

---

　*　该案例及教学反思的作者为徐宗舫。

生收集信息、处理信息的能力，并能整合信息表达出来。

【教学难点】

能够运用资料，恰当地提出问题，和同伴互动交流。

【教学准备】

1. 学生以个人或小组的方式到图书馆或上网收集有关地名知识，如：地名与诗、地名与谜语、地名与歇后语、地名与成语以及与地名有关的笑话、传说等。

2. 写一篇关于北京地名的调查报告，也可以编地名报，制作地名卡，还可以编写歌谣等。

【教学过程】

一、练习入手，热身体验

1. 谈话导入，激发兴趣

中国是一个幅员辽阔的国家，领土面积很大，为了人们生活的方便，就有了成千上万个地名。现在我们一起来走进《小地名 大学问》，看看你能从地名中获得多少学问。

2. 导学引路，全体参与

(1)出示导学卷 1，连线。

A. 将下列谜语与相应的地名连接起来。

银河渡口	开封
一江春水向东流	天津
船出长江口	上海
冰雪消融	通海

B. 开火车反馈。

C. 教师关注错误，由学生讲明原因。

(2)出示导学卷 2，猜地名。

A. 猜城市名。

金银铜铁（   ） 倾盆大雨（   ） 四季温暖（   ）

风平浪静（   ） 一路平安（   ） 久雨初晴（   ）

B. 指名反馈。

C. 由学生讲明原因。

（3）出示导学卷 3，给地名编谜语。

A. 出示：大同、重庆、海口。

B. 小组交流。

C. 学生展示。

3. 订正反馈

4. 师小结

【设计意图：通过导学卷这种方式，让全体学生参与，激发兴趣。练习题设计有层次，引发学生深度思考。】

二、探究规律，感受内涵

（一）感受地名中的平民文化内涵

1. 出示地图，发现表达

刚才我们了解了全国部分城市的名字，我们生活在北京，北京也有很多有趣的名字。在我们学校和家庭的周围，（出示地图）就有许多有趣别致的地名，你们能说一些吗？你们能说说它们是怎样命名的？有什么规律吗？

2. 阅读研究，探究规律

（1）导入阅读：北京街巷的名称看起来多如星、乱如麻，其实还是有规律可循的。多数街巷的名称是在最初形成时根据某一特征而自然形成的。时光流逝，当年的特征多已不存，那批古老的街巷名称却留了下来。我们先来看一篇文章。

（2）阅读研究

A. 出示文章和阅读提示，请同学们边默读边思考。

北京街巷的名称，你能够看出哪些规律？用直线画出来。

你能选择一段内容中的街巷的名称，编一段顺口溜吗？请大声读给同伴听。哪些名字可以看出北京是一个古都？你能发现吗？

B. 小组交流。

C. 全班展示。

D. 修改完善。

（3）故事讲解

分钟寺

A. 学生介绍。

B. 互动交流。

五棵松

A. 学生介绍。

B. 互动交流。

师总结：这些地名就像一幅古代的风俗长卷，透过它，我们好像亲眼看到了古代都市的市景风情和坊巷中的芸芸众生。

【设计意图：从学生身边谈起，从自己熟悉的地名谈起，引发思考，激发学习的乐趣。地名的探究与语文学习紧密联系，并及时进行反馈。】

(二)感受地名中的皇家文化内涵

北京是六朝古都，从地名上我们可以看出两种文化——皇家文化和平民文化。

1. 调查分类

同学们对周围地名进行了调查，哪些同学的调查属于皇家文化？

【设计意图：出示相关文章，让全体学生参与探究，引发学生深度思考，并以多种形式让孩子们参与其中。】

2. 皇家文化

(1)王府井

介绍同学提问：

A. 同学们，你们对王府井有哪些了解？

B. 过去在"王府井大街"有一个北京人最爱逛的地方你知道是哪儿吗？

C. 在这里蕴含着哪些风土人情呢？

在1909年出版的《京华百二竹枝词》中有一首"新开各处市场宽，买物随心不费难，若论繁华首一指，请君城内赴东安"。诗中的地名就在王府井，你能够找到吗？

(2)玲珑路

学生介绍玲珑路的发展，提问：

A. 玲珑路的由来你是否知道？

B. 玲珑路有几个发展阶段？

C. 你从发展中体会出什么？

交流问题，奖励同学。

（3）公主坟

A. 出示问题。

B. 学生介绍。

C. 互动交流。

D. 看着公主坟的过去和现在，你想用哪个词语来说一说？（如：日新月异、天壤之别……）

（4）圆明园

A. 看图片猜地名：这是北京的什么地方？（圆明园遗址）

B. 此时你能用什么样的词语形容圆明园？

C. 以前是什么样的呢？

在人教版的课本中也有描写圆明园的文章——《圆明园的毁灭》，下面我们一起来看看。出示课文，提出阅读要求：

为什么说"圆明园的毁灭是祖国文化史上不可估量的损失，也是世界文化史上不可估量的损失"？

文章为什么只在结尾写毁灭，前面都在写它的雄伟呢？

观看录像，你体会到什么？

3. **总结**

王府井、玲珑路、公主坟、圆明园，这些带有皇家气息的地名反映着历史的沧桑巨变和国家民族的兴衰。

【设计意图：关注全体学生，并以多种形式让孩子们参与其中，找寻地名中所蕴含的风土人情、历史文化。】

三、拓展延伸，引发思考

这些有趣的地名有的折射出当地的风土人情，有的记载了岁月的变迁，有的对应着祖国的锦绣山河，有的蕴含着丰富的历史文化……不仅如此，有些城市还有一些特定的称谓，你知道吗？

1. 说出下列城市的原名。

申　城——（　　　　　）　　　　冰　城——（　　　　　）

石头城——（　　　　　）　　　　星　城——（　　　　　）

鹏　城——（　　　　　）　　　　泉　城——（　　　　　）

2. 你还能说出哪些城市特定的称谓？（如：花城——广州等）

3. 这些地名连在一起（如：东海南海西海北海，四海临海）实属不可多得的地名联，你能对个这样的下联吗？

_____

小结：由于时间关系，我们没有办法把地名的故事一一介绍，但是探究地名的学问却没有结束，如果你去了解，还会发现很多的知识，这真是小地名，大学问。

【设计意图：由北京到全国各地，地名中有风土人情、历史知识……拓展延伸激发学生课余参与探究的兴趣，引发学生深度思考，并以多种形式让孩子们参与其中。】

四、布置作业，课外体验

1. 和家长一起，继续查阅北京有趣的地名故事，做一些归类。（板书提示）

2. 收集有关地名的成语或者歇后语，了解它们的意思。

【板书设计】

小地名（规律特征）　　　　　　　　**大学问（文化内涵）**

地点、景物　　　　皇家文化　　　风土人情　　　历史文化

人物、商品　　　　平民文化　　　岁月变迁　　　锦绣山河

【教学反思】

感受语文的另一种味道

2012 年 12 月 24 日，我设计了一节语文拓展课《小地名　大学问》。课讲

完了，但我对语文综合实践活动课的探究却没有结束，心中有许多收获，也有许多遗憾，但最主要的是我从语文综合实践课的研究中感受到了语文的另一种味道：语文综合性学习应该姓"语"。不管我们的学习活动涉及哪个领域，采取哪些方式，都应"致力于学生语文素养的形成和发展"，而语文素养的关键和基础便是语言能力的培养。因此，在丰富多彩的综合性学习中，我们不忘积累语言，才能使语文不变"味"；不忘品味语言，才能使语文韵味十足。

一、目标定位离不开"语文"

去年，我曾经做过一节语文综合实践活动课《奇妙的石头》。我很辛苦地准备——搜集资料、整理资料，又有语文的东西，又有石头的内涵，孩子们也进行了精彩的汇报展示，结果却没有得到专家们的认可。当时我很迷茫，语文综合拓展课到底该怎样上呢？经过这一年的探索，尤其是在周校长、李主任的指导下，我渐渐明白了语文综合实践课是怎么一回事，找到了正确的方向。课前引导学生围绕主题广泛地收集资料，和孩子们一起整理，课堂上我也努力呈现，努力达成教学目标；并以多种形式进行学习探究，同时培养了学生的听说读写的能力，激发他们学习语文的兴趣。在具体的内容的设计上体现教学目标，如：为了培养孩子们收集信息的能力，由孩子们制成调查报告，不仅有准确的格式和内容要求，还有语言的要求，这不就是一次语文能力的培养吗？孩子们还把自己的调查报告做成幻灯片，在小组内交流，收到很好的效果。在课堂上，孩子们还提出了许多小的问题，增强了互动，培养了孩子们的综合能力，使得语文综合实践课的语文味更浓了。

二、学习过程体现参与的广度

在这次语文综合实践活动中，我注意关注孩子们参与的全体性。在资料的收集过程中人人参与，分工合作，进行调查，制成调查报告，让孩子们成为课堂的主角。在课前热身活动中，我设计了导学卷，有三个小题：1. 将下列谜语与相应的地名连接起来。2. 猜城市名。3. 给地名编谜语。每个孩子都参与进来，找地名、猜地名、编地名，在形式上既有个人的参与，还有小组的交流，让他们在小组中充分地进行讨论、交流，然后在全班进行交流展示。全体学生参与学习，通过开火车、个别回答等方式进行了反馈，同学们的学习兴趣盎然，讨论氛围热烈。又如在介绍皇家文化的代表之——圆明园时，我不仅和孩子们一起读了文章《圆明园的毁灭》，还播放了视频，让孩子们在听觉和视觉上都感受到了"圆明园的毁灭是祖国文化史上不可估量的损失，也是世界文化史上不可估量的损失"，再提出思考问题时，孩子们争先恐后地回答，各抒己见，参与到了问题的探究中来。

三、内容凸显深度，激发思维

综合实践课的突出特点不仅是关注孩子们的合作探究，更重要的是在这一过程中要激发学生的深度思维，让课堂上迸发出精彩的火花。在这节课上我和同学们学习了一篇《北京街巷名称的由来》，孩子们边读边思考：1. 北京街巷的名称，你能够看出哪些规律？用直线画出来。2. 哪些名字可以看出北京是一个古都？3. 你能选择一段内容中的街巷的名称编一段顺口溜吗？每一个问题都需要学生进行深度的思考，具有挑战性。孩子们从纷繁的地名中感受到了其实还是有规律可循的。孩子们喜欢上了我推荐的文章，在深度阅读的同时发现这些地名凸显了皇家文化和平民文化这两个大的体系。在学习的过程中条理越来越清晰，再也不觉得"乱如麻"了。孩子们有所思，有所得。编顺口溜时，孩子们兴趣盎然，一个接一个，编得越来越好，越来越精彩。有的编出"烧酒胡同、茶叶胡同、冰窖胡同、盆儿胡同、棉花胡同、绒线胡同、笤帚胡同、扁担胡同，北京胡同千姿百态"；还有的编出"二眼井、三眼井、四眼井、高井、沙井、甜水井，井井动人；大石桥、厂桥、天桥、虎坊桥、太平桥、甘石桥，桥桥相连"……一个孩子这样说道："二眼井、三眼井、四眼井，高井，沙井，甜水井，真是应有尽有，井井有学问！大石桥、虎坊桥、太平桥，厂桥，天桥，甘石桥，真是包罗万象，桥桥藏新篇！"她的发言引来同学们阵阵掌声。

总之，在这节课中我更多地关注了语文的学习过程——从语文的学习出发，围绕主题目标，关注孩子们参与的广度和深度。然而这节课也有许多不足之处，首先，在设计上最后又回到了全国的一些地名，使得整个课堂线索显得有些乱。其次，在课堂中还是不够大胆，没有充分发挥学生的作用，老师仍有牵引现象。再次，给学生的材料老师还需要有更深层的理解，如《北京街巷名称的由来》中这一段："生活在这样的大都市里，商品交易自然是不可或缺，因而以市场和商品命名的街巷占了很大比例。从这些市场的分布情况和经营品种上，我们能约略看出这几百年来北京城市场贸易的一些基本状况。以饮食起居诸般物品命名的街巷，真是包罗万象、应有尽有。煤市街、炭儿胡同能为您提供生活能源；米市大街、干面胡同、细米胡同提供主食；

猪市大街、牛街、羊肉胡同、鲜鱼口、鸡(吉)市口、菜市口、豆腐池供给副食；炒菜要用调料，有蒜市口、油坊胡同、酱房胡同、糖房胡同；要用饮料，有烧酒胡同、茶叶胡同；饭后水果，有果子市、果子巷；……市场繁华，洋洋大观。"我钻研得不够，没有把商品的几个方面讲解出来，本来这是一个很好的亮点，却错过了。如果能够提升出来，我再引导学生进一步研读这篇文章，思考：北京街巷名称都从哪几个方面命名？为什么要这样命名？这样孩子们就不会只单单是一个浅层次的认识，而是会对这篇文章有一个深层次的探究。所以，课堂教学，应该是实效的，是学生确实有所收获的。只有真正让孩子们思维活跃起来，他们才能在语文学习中有更多的收获。最后，汇报材料探究有缺漏。北京最大的特点是六朝古都，从地名上我们可以看出两种文化——皇家文化和平民文化，然而这节课孩子们汇报的材料中却没有突出这一特色，如皇家的九门和以平安等命名的平民文化不够突出，命名的特点未进行深入的探究。

由于时间关系我们没有办法把地名的故事一一介绍，但是我和孩子们探究地名的学问却没有结束，在北京城还有一些有特点的地名，如：憋死猫、火器营、蓝靛厂，等等，都有自己的来历。几千年的历史使得我国的地名大多沉淀着深厚的文化，寄托着一种美好的向往。文物与文献都有可能被毁灭，可地名却将永远留传。我们会继续让孩子们走出封闭的书斋，走进大自然，走入社会，在广阔的天地里实践、探索、体验、创造。通过这节课的探讨和研究，我也感受到了语文的另一种味道，这让我更有信心上好每一节语文综合实践课。

走进——桥 *

【活动理念】

语文综合实践活动，不仅要达到语文学科教学的目标和要求，还要能提出学习和生活中的问题，有目的地搜集资料，共同讨论。结合语文学习，将

---

* 该案例及教学反思的作者为孙秋生。

语文与社会、语文与其他学科整合起来，书面与口头结合表达自己的观察所得。能在老师的指导下组织有趣味的语文活动，在活动中学习语文，积累文化素养，培养学生的合作精神以及研究、策划、组织、协调和实施的能力。在家庭生活、学校生活中，尝试运用语文知识和能力解决简单问题。

【活动目标】

通过实地参观、调查访谈、查阅图书资料和互联网获取、筛选、整合信息，使学生了解桥的类型和发展，认识世界名桥，了解丰富的桥文化，使学生受到美的熏陶。养成善于观察、善于思考的习惯，提高利用所学知识解决实际问题的能力。

【教学重点】

实地参观、调查访谈、查阅图书资料和互联网获取、筛选、整合信息。

【教学难点】

养成善于观察、善于思考的习惯，提高利用所学知识解决实际问题的能力。

【活动年级】

四年级(7)班

【活动时间】

三周

【活动过程】

一、准备策划阶段

1. 确定研究内容

(1)桥的类型。

(2)桥的发展。

(3)世界名桥。

(4)桥的文学和故事。

（5）了解家乡的桥。

（6）绘出心中的桥。

2. 确定研究方法

（1）利用图书查找资料和积累资料，并做好摘录。

（2）摘录资料的方法：复印、摘抄、概括、总结。

（3）上网查询和下载资料的方法：通过键入关键词进行搜索；对资料进行下载存盘，打印输出或笔录所需资料。

（4）实地观察、拍摄、记录的方法：到实地观察，作记录，并进行摄影。

二、实践活动阶段（历时 3 周，过程略）

在此阶段，学生汇报收集到的大量资料。根据这些资料和研究兴趣确定研究的主题和小组。之后，学生再次对资料进行补充整理，通过老师、家长的协助共同设计交流方案。

三、汇报交流阶段

（一）创设情境

1. 引出话题

2. 提出展示要求

（1）请学生读一读展示要求。

（2）小组共同讨论如何达到展示要求。

（3）小组学生在班级交流汇报采用的办法。

【设计意图：通过老师的要求，使学生明确活动目标，让活动更有实效。】

（二）展示活动开始

1. 识桥小组展示

（1）桥的类型。

（2）桥的发展历史。

（3）认识桥名。

（4）解答其他小组同学的疑问。

【设计意图：识桥的过程，主要激励学生的参与意识，探究桥的类型、发展以及一些特殊桥的来历。逐步培养学生在探究的过程中分类、整理相关资料的能力。】

2. 赏桥小组展示

(1)欣赏世界名桥。

(2)介绍神奇的桥。

(3)介绍有文化历史的桥。

【设计意图：激发学生探索的欲望，欣赏世界名桥的神奇。】

3. 走桥小组展示

(1)认识北京的桥。

(2)欣赏实践活动作文。

(3)回顾走近家乡桥的实践活动。

(4)欣赏交流写桥的作文精彩之处。

【设计意图：能够走入生活，亲身实践，感受桥的历史、文化，并和写作巧妙联系起来，培养学生的笔头表达能力。】

4. 绘桥小组展示

(1)展示绘画作品。

(2)到其他小组去交流。

(3)与台下老师交流。

(4)谈谈交流后的收获。

【设计意图：彰显学生的想象力，在和别人的交流中，培养学生的交际能力。】

(三)展示活动结束，教师总结

1. 教师总结

2. 播放《北京的桥》

【板书设计】

桥

识　桥

赏　桥

走　桥

绘　桥

【教学反思】

提高语文活动实践课的有效性

我对于上语文综合实践活动课，倒不陌生，但都是摸索，以前上过关于朗诵的、汉字演变的、语文书的诗人以及作家的趣事的，自己都在尽心努力，想从"趣"上多下功夫。今年接受开展关于"桥"的语文综合实践活动课的任务，我决定应多从学生参与的角度入手，调动学生的积极性。

为了能够激发学生的兴趣，把活动落到实处，提高拓展课的有效性，我们班开始了历时 3 个月的活动，学生到颐和园、卢沟桥去调查桥的历史，观察桥的外形，感受桥的魅力；走秋千桥亲身体会桥的乐趣。在本次活动展示之前的准备过程是很长的，怎样让学生能够坚持下来，并且能够关注这个专题呢？为此，我在活动持续 3 个月的时间里，注重了以下几个方面。

一、注重探究的过程

这些学生活动是与家长们分不开的，但在活动的初期，家长们关注的点并不在活动主题之上，照回的照片多是孩子们吃东西、休息、摆造型的合影，照片也多围绕自己的孩子转，"桥"的内容并不多，后来经过引导，家长们终于把探究活动的点放在了"桥"上，孩子们也把这样的实践活动与野餐、秋游区别开来。学生从开始懵懂地参加活动到后来有意识地观察、探访、记录，老师给予了及时的指导，允许他们出现问题。孩子上网查阅资料需要搜集、整理、筛选、提取有关信息，画画也需要与美术课的要求区分开。通过这次活动学生们不断地积累经验，就好像小时候学习走路一样，开始时需要别人帮扶，跌倒，爬起，后来自己能够蹒跚地走路，这个过程是令他们自己欣喜的。也许成人觉得他们调查的知识没有什么价值，但在这个过程中，学生又学会了一种获取知识、探索知识的方法。

二、注重全员参与

本次实践活动注重了全员参与，全班每个同学都有任务，根据不同的任务进行分工合作，每个学生都能感受到自身的价值。当然，分工的不同就意味着有的同学站在前台展示，有的同学在幕后付出。但展示只是其中的一部分，同学们不能因为没有在前面展示而有情绪。通过这次活动，班里的同学都能够去认识到其他同学付出的汗水，整个活动过程充满了分享、分担、理解与感动，而这些也是本次实践活动的另一种宝贵财富，正如班里一个为本次活动放投影的同学真实的感言那样：

在那天"关于桥"的语文观摩课上，老师把桥的内容分成四部分讲解。第一部分是识桥，第二部分是赏桥，第三部分是走桥，第四部分是绘桥。课堂气氛非常活跃，大家都积极举手发言，老师讲得绘声绘色，引起了同学们的好奇心。我们学到了很多关于桥的知识，接触了很多以前从未了解过的关于桥的常识。

我也出色地完成了老师交给我的任务——放映幻灯片，虽然在别人看来这是一件很小的事情，但是我的心理压力很大，因为如果当时放不出来，就会让老师和同学们课前所做的精心准备工作都付诸东流了，也会让在场听课的校长和其他老师认为我们班课前准备不充分。所以，我非常紧张，生怕摁错了鼠标。后来因为课前经过练习，课上孙老师讲课也非常精彩，加上同学们的分组发言和介绍都很吸引我，我忘记了紧张，融入了精彩的观摩课，幻灯片的放映也很顺利。

课后，大家都说这是一堂非常有意思的观摩课，我心里也美滋滋的，因为这次课锻炼了我的胆量，这次课的成功也包含了我们四（7）班全体师生的共同努力，其中有我的一份力量，我为能学习、生活在这个班集体里而感到自豪。

——史宗翰

三、注重学生个性的展现

在这次实践活动中，孩子们自己找小组，自己根据不同的特点来进行分工，有的同学电脑知识好，就负责上网查阅资料；有的同学朗读好，就负责前台展示；有的同学绘画水平高，就负责绘桥，大家各尽所长。这是在平时的一些常态语文课上很少见的，这样的活动给了每个孩子机会。语文综合实践课用它的"广博"给学生搭设了一个大舞台，供学生们尽情地展示。

这次展示课让学生们受益颇多。

1. 调动了学生学习语文的积极性

（1）很多孩子平时利用电脑上网多是在打游戏——"赛尔号""植物大战僵尸"，等等。孩子对电脑网络的利用是单调的、依赖的。很多学生沉迷于网络游戏，很少有其他的消遣方式。但这次学生接收到要查找资料自己展示桥的发展历史这一任务时，能够利用网络查找资料，并且对查找的资料进行整合、筛选，选择最简单、明确的资料展示给同学们。在整个查阅资料的过程中，他们感受电脑网络的迅捷、便利，能够在老师的指导下正确、主动地利用网络，这为学生们将来健康地利用网络打下了良好的基础。

（2）本班学生家长经常利用假期组织学生参与很多课外的活动，但目的只是为了放松，释放平时的紧张压力。家长们给孩子们增加一些联谊的机会，比如：去打真人 CS，野炊，去海边玩，孩子的照片主要是吃、玩、集体照摆造型。自从这次活动后，孩子们能够有目的地去观察景点，去探寻古迹，在玩的过程中增加了一些语文元素，孩子们的活动更充实了。孩子们在活动中写出了很多风格不同的作文，都有着自己真实的体验，如：

我最喜欢的一座桥

我见过很多桥，比如：天桥、立交桥、姥姥家门前的小木桥、石桥、铁索桥、水泥桥……不过，我最喜欢的一座桥是坐落在颐和园内的十七孔桥。

这座桥是颐和园最大的石桥，它全长 150 米，宽 6.65 米，高 7 米，由十七个洞组成，飞架于南湖岛和廓如亭之间，像长虹卧波一样。桥上有 128 根望柱，每个望柱上都有狮子，一共有 544 只，它们个个生动、形象、惟妙惟肖，狮子们有的母子相抱，有的玩耍嬉闹，有的像是在赛跑，有的像是在向远处眺望。

你们知道为什么要建十七个孔吗？因为从桥两边往中间数，数到中间正好是 9，而 9 被封为极阳数，是过去封建帝王最喜欢的吉利数字，所以将桥建成十七个孔。

从桥上看被烟雾笼罩的万寿山和南湖岛，就像进入了仙境一般，又有一种飘飘欲仙的感觉。从万寿山看桥，你可以看见十七孔桥被烟雾笼罩的轮廓。

十七孔桥是我最喜欢的桥，我相信你也会喜欢这座桥的。

——张睿

为了能看清楚十七孔桥的全貌，我和家长、同学们坐船在湖面上游览，当游船向湖心岛驶去时，我坐在船头的位置看十七孔桥非常清楚，远远望去十七孔桥像一条彩虹架在水面上，我们认认真真地数了数是不是真有十七个孔，果然没错。古代的人为什么就建十七个孔啊？难道有什么特殊意义吗？我们七嘴八舌地讨论了半天，最终也没有找到答案。

——陈明翀

十七孔桥之美，有四时之美，有晨昏之美。在颐和园，随处都能望到这一卧波长桥，它宜晴，宜雨，宜雪，宜月，无时不静静地卧在那里。

——叶欣桐

十七孔桥是颐和园最大、最长的石桥。这座桥长 150 米，跨在颐和园的东堤与南湖岛中间，它中间高，两边底，像一条彩虹。被人们叫做十七孔桥，就是因为它有十七个桥洞。有人可能会问："为什么桥洞会选十七个而不选别的数呢？"这是因为中间最高的洞不管加两边哪八个洞，都是九个，而在当时，人们都认为"九"是最大的数，也很吉利，所以这桥就是十七个洞啦！

——吴疆懿

题目：北京的卢沟桥

内容来源：查资料

报告内容：

卢沟桥位于北京城西南。自从 1937 年 7 月 7 日后，卢沟桥的名字就闻名于海内外。但是这个抗战圣地的名字却长期被错写为"芦沟桥"。

这就有必要讲一下它名字的来历了。

卢沟桥原名广利桥，建于金朝。桥下的河因经常泛滥，河道不定，原叫无定河。清朝时此河下游修建了防洪堤，改"无定河"名为"永定河"。该河上游叫桑乾河，著名女作家丁玲的名作《太阳照在桑乾河上》写的就是这一带人们的故事。而广利桥下，该河上下游交接部分，因是卢姓族人繁衍生息聚居的地区，被当地人称为"卢沟河"。随着岁月的流逝，"广利桥"也渐被人们以河名而替代称之为"卢沟桥"了。由此可知，"卢沟"的意思是"卢家沟"，而非长满芦苇的沟。相信了解了这段历史，再也不会有人错把卢沟桥写成"芦沟桥"了。

——孙婉冰

在过秋千桥时，大家觉得在一个一个秋千组成的桥上行走太可怕了，谁都不敢过，我也十分犹豫：这要是掉下去可怎么办？这时，爸爸鼓励我说："王许嘉，勇敢一些，你试试吧，我在后面跟着保护你！"于是，我鼓足勇气，小心翼翼地抓住了第一个秋千，小心地迈了上去，秋千摆动了起来，我十分紧张，觉得要掉下水了，手紧紧抓着铁链。当秋千稳定起来后，我壮着胆子伸手抓住第二个秋千的铁链，在晃动中勇敢地把脚踏了上去，顺利地登上了第二个秋千。就这样过了几个以后，我逐渐地找到了感觉，不再害怕了，一步一步地走完了整个大桥。我心里十分高兴，我觉得自己很勇敢，只要有勇气，再难的事也能克服。

——王许嘉

（3）原来学生们学习语文就是认为只要掌握课本里的讲读课文的内容就可以了，有些家长觉得孩子的知识不够，就利用周六日让孩子上课外班。这次活动转变了一些家长的看法，他们更加喜欢这种从实践中获取知识的方式，而且孩子也乐于参与。

2. 增强了学生的自信心

本次活动给学生的自由度较大，很多小组成员都是自由组合，他们相互支持，互相弥补不足，共同分享资料，在练习的过程中，不抛弃每个小组成员，有的孩子胆子大，朗读好，就朗读；有的孩子电脑操作好，就帮着小组做幻灯片；有的孩子结巴，安排的词就少一点。班里有个孩子口吃，但积极性很高，原稿的词是"美轮美奂"，但她的发音老出问题，引别人发笑，后来他们组就商量改成"美妙"，避免了口吃带来的烦恼。很多学生平时不爱和老师说话，但这次，有的孩子在绘画的过程中展示自己美好的愿望，而且敢于走到老师中交流自己的想法，通过口语交际的练习锻炼了自己。有些同学谈本课的感受时这样说：

上了这节课，我收获了很多东西。其中，最主要的就是勇敢和自信。上课时，我的哥们儿——韩易达同学，在我的小组上台之前，就和他的小组先上台了。他显得毫不紧张，这给了我莫大的鼓励，我想我只要做好我的工作就行了，下面的老师就当作是同学。于是我不再害怕了，勇敢地上了台，并完成了我的介绍。课后，我变得勇敢了，我不再害怕这种实践课了，反而喜欢上了这种课。所以我要感谢孙老师，是您让我变得勇敢，我要说："孙老师谢谢您！"

——曹可为

我觉得，这次课上我展示自己很彻底，我很满意自己的表现。大家表现都很好，都很突出。如果以后还有这样的机会，我一定积极参加。多努力，加油，孙老师！加油，孙程午！

——孙程午

3. 激发了学生学习语文的兴趣

学生们在开始查找资料时，有些无从下手，但当他们真正走入桥的世界之后，感受到了桥的美丽、壮观，感受到了诗人赞美桥时所赋予的情感，从中体会到了乐趣。绘桥的同学通过展现自己所画的桥来表达自己美好的愿望，从中得到的快乐是难以言表的；有的同学在查找徐志摩的资料时，迷上了《再别康桥》这首诗，当班上一个同学背诵时，那么长的诗歌竟然有很多同学能够跟着背下来。有的学生更是表达了对这种课型的渴望：

通过这次活动，我对桥的文化更加了解了，并且学得很快乐，记忆很深刻。希望今后多些这样的展示课，丰富我们的学习生活。

——刘益嘉

本次实践课仍有许多不足之处，因为我开始的思路是要把时间交给学生，所以课上对学生评价总结的语言高度不够而且不够及时。本次实践课还请了两名北师大教授参与，他们指出桥的类型应该再宽一些，比如那些样子不美，但有着丰富含义的桥应该让学生有所认识。他们建议对学生的作文把评议交给学生，利用课外时间做足文章；在桥的发展史的部分中，应该让学生发散思考，对桥的名字产生兴趣。另外，实践活动在做减法的过程中做加法，也可以让语文课堂更加简洁高效。

《春秋故事》阅读交流*

【研究内容】

林汉达先生编著的《春秋故事》。

【教学目标】

1. 读历史故事，识记历史知识，积累成语。
2. 交流《兄弟相残》的内容及对书中人物的认识。初步体会评价人物的方法。

【教学重点】

阅读历史故事，识记历史知识，积累成语。

---

* 该案例及教学反思的作者为张迎春。

【教学难点】

深入阅读，品评人物。

【教学准备】

1. 学生自由阅读《春秋故事》一书，并自愿做出读书报告单。

2. 分组按专题研读本书，为汇报做准备。

3. 日常交流话题：你最喜欢哪个历史人物。

【教学过程】

一、讲讲书中的成语故事

1. 请同学讲讲成语故事

《春秋故事》这本书中有很多成语，有很多同学在读后学会讲这些成语故事了，请他们为大家展示一下。

2. 学习书中的成语

(1)读读这些成语。

千金（　　）笑	（　　　）箭伤人	管鲍之（　　　）
一鼓（　　）气	（　　　　）识途	唇亡（　　）寒
退避（　　）舍	悔过自（　　　）	（　　　）军救国
放虎（　　）山	（　　　）鸣惊人	卧（　　）尝胆
全军（　　）没		

(2)小组交流说说自己最感兴趣的成语故事。

【设计意图：以成语为抓手，回顾一个个内容，熟悉书中成语，加深对书中成语的记忆。】

二、根据本书特点，梳理本书写作思路，为进一步阅读打下基础

1. 引起关注

(看书上的地图)并介绍：春秋时期最多曾经100多个诸侯国并存，《春秋故事》记录了发生在这些诸侯国之间的小故事。回忆一下，是每一个故事讲一个诸侯国的故事吗？

2. 按照故事组群读一组故事

(1)这是刚才我们讲到的管鲍之交、一鼓作气、老马识途的故事，有同

学做了细致的梳理，仔细读读，你发现什么？（齐国的齐桓公与其他诸侯国国君之间的故事）

（2）这本书用春秋时期五位霸主的故事为核心，讲述其他诸侯国与这五霸之间发生的故事。

（3）和小组同学根据目录回顾故事内容，快速浏览故事，找找还重点讲了哪几个诸侯国哪位国君的故事。

【设计意图：通过老师的展示、引导，体会本书的特点，把单个故事以组群的方式归并一下，理清本书的线索，利于学生更好地阅读，也利于学生识记历史知识。】

三、阅读一组故事，思考核心人物是怎样的一个人

1. **欣赏表演：《兄弟相残》**

2. **演员对观众提问**

（1）我们表演的故事主要讲的是哪位国君？

（2）你认为这是怎样的一位国君？

（3）你想对故事中的哪个人物说些什么？

3. **观众对演员提问**

你认为郑庄公是怎样一位国君？（请每一位演员都来谈谈）

4. **通过书中描写认识郑庄公其人**

（1）故事中对郑庄公有这样几处描写，请大家读一读，再结合上下文看一看，说说郑庄公是一个什么样的人。

郑庄公自己有主意，反倒说他们说话没有分寸，还替太叔辩白说："太叔能这么不怕辛苦，操练兵马，还不是为了咱们吗？"

郑庄公听了，慢慢地点着头，眼珠子来回转着，好像算计着什么似的，可不说话。

郑庄公把脸一沉，说他不懂道理。他说："太叔是母亲顶喜欢的。我宁可少了几个城，也不能伤了弟兄的情分，叫母亲伤心。"

郑庄公很有把握地说："你们不必多说。到了那会儿，谁是谁非，大伙儿就都知道了。"

过了几天，郑庄公吩咐大夫祭足管理朝廷上的事情，自己上洛阳给天王办事去了。

(2)再读读别人对郑庄公的评价。

毛泽东在一次谈话中曾说:"春秋时候有个郑庄公,此人很厉害。"

同学们在读故事后,思考一下从人物身上可以汲取什么经验教训,这样才能越来越多地发现读历史故事的乐趣。

(3)送给同学们两句话。

有了学问,懂得历史,好比站在山上,可以看到很远很多的东西;没有学问,不晓得历史,如在暗沟里走路,摸索不着,那会苦煞人。

——毛泽东

读史使人明智。

——(英国)培根

【设计意图:以一个故事,多角度谈对人物的理解,引导学生阅读故事的时候不仅要关注事件,更要关注故事中的主要人物。理解人物性格可以反复阅读,抓住重点描写读,也可以进行角色扮演……】

四、激趣,期待深度阅读

1. 猜猜书中"人物之最"

一些同学在阅读之后整理了本书人物之最,这是他们对于书中人物的理解,请你猜一猜。

A. 最昏庸的君王

• 他是周朝的天王。

• 他想让褒姒开一开笑脸,就出了一个赏格,谁能让褒姒笑出来,就赏他一千两金子。

• 他听了虢石父的话,点燃了烽火台,戏弄诸侯。

• 后来西周灭亡。

B. 最侠肝义胆的大臣

• 屠岸贾想杀死赵盾的家人,到最后,只剩下了赵朔的媳妇——庄姬。

• 那时,她正怀着孩子,屠岸贾想等生完孩子好把他们都杀死。

• 他们打听到了庄姬生的是个男孩,就想把那个孩子救出来。就设计把赵盾家唯一的后人赵武解救出来了。

C. 最"便宜"的人

• 他满腹学识,与妻儿分离,流落他乡,只能给别人看牛。

• 秦穆公用 5 张羊皮跟楚王交换,把他带到秦国,封他做大夫。

D. 最能忍辱负重的君王

- 他是越国国王。

- 他情愿当吴王的臣下，给吴王喂马，做奴仆的工作。

- 就这样过了三年，他回到了越国，他拿柴草当褥子，在吃饭的地方挂上个苦胆，每逢吃饭的时候，先尝一尝苦味。

- 最后灭了吴国。

E. 最讲究"仁义"的主公

- 他是宋国的国君。

- 他要和楚国、郑国打仗。

- 他认为打仗要用"仁义"，敌方没有整好队伍，他等敌人排好队伍才开战，结果打了败仗，受了重伤。

2. 布置作业

(1)按照故事组群读故事，编写自己的书中人物之最。

(2)挑战阅读《战国故事》。

【教学反思】

《春秋故事》教学反思

一、选这样一本书是一种挑战

林汉达先生改编的历史故事注意史实的准确。他写的历史故事跟演义小说不一样。演义小说虽然写得很生动，可其中有许多虚构的情节。他写历史故事着重说明历史发展进程，又比较尊重历史事实，主要取材于《春秋》《史记》《汉书》《后汉书》《三国志》等正史。像《三国演义》中的"桃园结义""草船借箭"之类的故事，他都没有采用。

上述这段话中藏着一个信息：林汉达先生的历史故事不如演义小说生动。现在的孩子是看什么书长大的？他们连演义都没有读过，他们不像我们小时候那样痴迷于广播中的评书连播。有太多好听的、好玩的会分去他们的注意力。他们看的书多是漫画、绘本等，推荐这样一本描写正史中历史故事的书籍，他们读起来可能不会有太大的兴趣。但我认为学校推荐阅读的书籍也不应都跟随流行，跟随学生的兴趣，还需要成为学生甚至学生家庭阅读的一种补充和拓展。选这样一本书，就是出于这样的目的。在整个活动的推进中，我也确实感受到这真是一种挑战。悬赏、比赛、谈话、动员家长，种种手段一齐上阵，总算让孩子们都对本书进行了初期阅读。

二、还原读历史类书籍的本来目的

我们提倡学生进行课外阅读。我看过很多大家给出的推荐孩子阅读的书籍目录，虽然不尽相同，但都涉及各类书籍的推荐：自然科学、人物传记、小说散文……

不同类的书籍阅读，关注点应该不同，可学生在阅读这些推荐书目的时候，是自然的、随性而发的。我认为不该是这样的。学生在阅读小说的时候，就应该关注人物的命运，品味语言；在阅读科学类书籍的时候，就应识记书中的科学知识；在阅读历史类书籍的时候，就应该识记历史知识，品评历史人物。

这次读书交流会，其主要目的就是识记历史知识（含在成语故事的讲述之中），尝试品评历史人物。

有老师跟我提出说品评人物对四年级学生来说太难了，于是我采用了表演的方式，请观众谈对人物的看法，请演员谈对人物的看法。这是对一个人物的两个视角探讨：观众谈是从外部点评人物，演员谈是从人物的内心出发来谈，重点谈体验。还运用在语文课上常用的方法：抓住人物言行来谈人物。这样多角度来谈一个人物，学生能对人物有一定的认识。而且对四年级学生降低标准，不要求学生说的准确，只要是自己的真实想法即可。

三、是重方法的指导还是重内容的品评

这次交流会设计前后有很大的改动。

最开始是以读历史类书籍的方法为主。要求学生在读书的时候完成读书报告册，围绕报告册再对本书进行阅读。

我们在阅读线索较多、人物较多的书籍的时候，往往会为了梳理人物关系、情节线索而画出表格、树形图等，学历史的时候会画出时间轴、空间图。报告册就是类似上述东西的一个帮助学生梳理本书中过多国家和人物的工具。

这个以报告册为主的课堂，过于学术，不符合学生的阅读特点与兴趣。

后来的交流活动设计以内容为主，以报告册为辅，更多地引导学生对内容进行梳理。

从我自己来说，我觉得以读书报告册为主也好，以内容为主也好，都对学生的阅读有所促进。只是有时候教师的呈现方式、组织方式不够好，才没有取得更好的效果。

四、学生活动应适度干预，及时反思

从实际的课堂看，节奏拖沓，比较冗长。我想这主要是因为我对学生的活动没有过多的干预。

孩子们被分成小组分别进行准备，老师只对内容、进度进行了干预，而没有插手组织、形式安排，是我放手太过了。我面对学生的小组活动，想的是让学生全然自然发挥，让他们在活动中不断成长。但我忽略了学生还小，所见的事物还不够多的事实。如果我在学生小组活动中不吝惜自己的意见多加指导，学生成长的幅度能更大一些。

活动之后，我要求每个小组在组长的带领下对自己的表现进行自评和互评，还请组长思考从本次活动中获得了什么经验，以此作为我对本次自己思虑不周的弥补措施。看着孩子们写出的总结，我心稍安。

高年级

歇后语大观园 *

【研究内容】

为了使学生了解祖国的语言，对歇后语有一定程度的认识，同时通过小组竞赛的方式引导全体学生参与，学会合作，学会倾听，学会展示，本学期我设计了一节语文活动课——歇后语大观园竞赛。在这节课上，学生能在自主的语言实践中感受歇后语的特点，丰富歇后语的积累，并强化运用歇后语的意识。本课将进一步激发学生学习祖国语言的浓厚兴趣，养成自我感悟、自我积累、主动运用语言的好习惯。

【教学目标】

1. 学生了解祖国的语言，对歇后语有一定程度的认识和喜爱。

---

* 该案例及教学反思的作者为张媛媛。

2. 通过小组竞赛的方式引导全体学生参与，会合作，会展示。

【教学重点】

积累一定的歇后语。

【教学难点】

全体学生参与，会合作。

【教学准备】

第一阶段：利用早读和管理班的时间，引导学生积累歇后语。

第二阶段：积累展示。

1. 培训各组小组长，把活动要求跟小组长讲清楚，让他们将任务分配给组内的每一位组员。注意细节，组长要逐个落实检查。

2. 每个学生按活动环节准备资料，听从组长安排。

3. 教师利用课余时间了解孩子们准备的情况，及时指导。

【活动要求】

1. 站姿端正，自然大方，精神饱满。

2. 正确说，脱稿说，大声说，动情说。

3. 评价同学，实事求是，公正公平。

4. 遵守纪律，尊重他人，友谊第一。（以上 4 条做不到，即使答案正确也不加分）

5. 注意倾听，答案重复，倒扣一分。

6. 在比赛中，小组所有成员都参加了，总分上再加 5 分。

【教学过程】

一、主持人开场白

A：老师们、同学们，今天我们将漫步歇后语大观园。

B：感受语言的魅力，吮吸智慧的甘露。

A：希望同学们"八仙过海，各显神通"。

B：希望大家像"老母猪啃碗碴——满口冒词"。

Ａ：希望在座各位充分发挥水平，"长颈鹿的脑袋——高人一头"。

Ｂ：欢迎张老师做我们的裁判，请张老师讲话。

Ｂ：我们的比赛分四部分："热身运动做准备""四大名著知多少""创设情景会运用""创新学习乐趣多"。

Ａ：如果在比赛中，小组所有成员都参加了，总分上再加５分。

【设计意图：活动中鼓励全体学生参与，合作探究地学习。】

二、热身运动做准备

Ａ：现在就进入第一部分"热身运动做准备"。

Ｂ：怎么准备啊？

Ａ：以自己的组号作为第一个字，说一句歇后语，进行两轮比赛，说对一个加一分。

Ｂ：准备好了吗？从第一组开始。

（学生资料整理：一个巴掌拍不响——孤掌难鸣；一个萝卜一个坑——没有空地方；一个人打官司——全是理；一口想吃个胖子——性子太急；二十五只老鼠进膛——百爪挠心；二郎腿一翘——自得其乐……）

Ａ：这轮比赛大家说得真好，让我们大开眼界。

Ｂ：看大家跃跃欲试，想投入二次战斗了。

Ａ：那还等什么？

Ｂ：马上进入第二部分"四大名著知多少"。

【设计意图：在活动要求中，特别提到尊重同学与学会倾听这两点。学生自己寻找喜欢的歇后语，对歇后语产生了浓厚的兴趣，愿意主动学习与积累。】

三、四大名著知多少

Ａ：知道我国古典文学的四大名著吗？谁来回答？它们中间蕴含很多生动有趣的歇后语。

Ｂ：让同学们展示一下吧！注意内容不要重复，说了别人说过的歇后语，倒扣一分，所以千万注意听别人的发言。四大名著各两个轮回，准备两分钟。

Ａ：《三国演义》两个轮回，开始。

Ｂ：《西游记》两个轮回，开始。

Ａ：《水浒传》两个轮回，开始。

Ｂ：《红楼梦》两个轮回，开始。

学生资料整理：

《三国演义》：赵子龙上阵——战无不胜；赵子龙救阿斗——单枪匹马；鲁肃讨荆州——空手去，空手回；鲁肃宴请关云长——暗藏杀机；草船借箭——坐享其成；曹操献刀——随机应变；曹操斩水军头领——悔之晚矣；曹操败走华容道——不幸中万幸；关羽斩华雄——马到成功；百万军中的赵子龙——浑身是胆……

《西游记》：白骨精照镜子——里外不是人；王母娘娘的蟠桃会——不请等闲之辈；唐僧念书——一本正经；唐僧取经——多灾多难；唐僧念紧箍咒——叫人头痛；太上老君炼丹——炉火纯青；孙猴子救唐僧——尽心尽力；女儿国招驸马——一厢情愿；孙猴子赴蟠桃宴——不请自来……

《水浒传》：武松鸳鸯楼留字——敢作敢当；武松打虎——靠的是拳头；吴用智取生辰纲——不用刀枪；吴用派时迁盗甲——用其所长；宋江三打祝家庄——里应外合；宋江看花灯——大祸临头；宋江嗑瓜子——有仁有义；泼皮戏耍鲁智深——自讨苦吃……

《红楼梦》：红楼梦里的大观园——门路多；林黛玉的身子骨——太弱；宝玉出家——一去不回；刘姥姥进大观园——大开眼界(尽出洋相)；大观园门前的石狮子——清清白白；晴雯撕扇子——痛快；黛玉葬花——怜香惜玉；黛玉进贾府——小心翼翼；王熙凤的眼神——笑里藏刀……

【设计意图：了解"四大名著"中的主要人物及故事，对"四大名著"产生浓厚的兴趣，学会倾听。】

四、创设情景会运用

A：其实何止是文学作品包含歇后语，在我们生活中也常用到歇后语，它使我们的生活变得轻松幽默，富有情趣。

B：是啊，积累了一堆歇后语，不会运用，很快就会在知识的仓库霉烂的。

A：下面进入第三部分"创设情景会运用"。

B：也就是运用歇后语，恰当地造句。如"坐飞机旅游——一日千里"可以造这样的句子：我们祖国经济的发展真是"坐飞机旅游——一日千里"。

学生资料整理：

草堆上走路——不踏实；长白山的人参——来之不易；长江流水——滔滔不绝；吃了生姜吃黄连——辛苦啦；大象的鼻子，孔雀的尾巴——各有所长；竹笋出土——冒尖了；珠峰上用蒸笼——气到极点；蜘蛛结网——一丝不苟；张飞战马超——不分高低；摘星亭上看云彩——眼光太高……

A：现在，先请各组小组长上来抽签。

B：请小组长读你抽到的歇后语，每一小组要注意听，一会儿用本组抽到的歇后语造句。

A：各组准备两分钟。看看哪组造的句子最精彩。

B：现在请张老师来抽座位号，看谁那么幸运，站起来给大家动情展示。

A：同学们的造句真是精彩纷呈，不过在具体的语言环境中用上歇后语就困难了。

B：是啊，太难了，你们敢试一试么？

A：请各组推荐一名队员上来抽签，按抽签的顺序来选择大屏幕上的题号。

B：抽到题号后，给这位同学半分钟思考作答，可以有一次求助本组同学的机会，答对，加两分。如果回答错误，其他组可以抢答，抢答对，也可以加两分。

A：同学们都明白比赛规则了吗？好，现在开始。

题目提供：

1. 等到什么时候？你穿个衣服可是（　　　　　　　　　　　　）。

2. 别看我现在貌不惊人，才不出众，但我一直很努力，您不是说只要坚持下去，一定（　　　　　　　　　　）。

3. 真是（　　　　　　　　），这次考试，你到底怎么考的，竟能得双百？

4. 想占便宜，结果怎么样？（　　　　　　　　）你还是好好学着怎么吃亏吧！

5. 现在后悔？（　　　　　　　　）你准备老老实实交代问题吧。

6. 如果你不是（　　　　　　　　）事情哪会像现在这个样子？

【设计意图：培养学生使用语言、运用语言的能力。让每个学生都"动"起来，积极思考，学会交流与合作。】

五、创新学习乐趣多

A：同学们，歇后语是人生经验的结晶，是人们善于观察与提炼的结果，从我们身边的生活现象中，你能创造几句歇后语吗？

B：现在进入第四部分——"创新学习乐趣多"。

A：这题范围太广，还是从我们班同学的特点和教过我们的老师的特点入手吧。

B：创造一句让别人听了高兴的歇后语，如牧云吹长笛——天籁之音；哪位同学愿意说一说？

【设计意图：学生结合本班同学的个性特点，自创歇后语，体现了创新能力。】

六、主持人结束语

A：同学们真是出口成章，太富有创造性了！

B：是啊，不过今天我们创造的歇后语只能在我们班级用，走出去可不行。

A：为什么？

B：因为歇后语必须是约定俗成，被广大中国人所承认的。

A：原来如此。歇后语生动有趣，可以说是"一句话文学"。

B：它是心灵智慧的闪光。

A：是语言大树上永不凋谢的花朵。

B：思想上给人以无尽的启迪，艺术上给人以审美的享受。

A：一句话，希望同学们在生活与学习中注意歇后语的积累与创造。

B：相信同学们的水平如"芝麻开花——节节高"。

A：祝同学们、老师们的生活如"胸口上挂钥匙——开开心心"！

B：如"新疆的哈密瓜——甜甜蜜蜜"！

A、B：如"灿烂的朝霞——红红火火"！

A："歇后语大观园"竞赛到此结束。

B：请裁判员张老师宣布竞赛结果，请各组小组长准备上台领奖。（颁奖音乐）

【教学反思】

语文活动课《歇后语大观园》教学反思

小学语文活动课即小学语文的课外活动，它是小学语文教学的重要组成部分，主要是指学生在课外进行的各种听、说、读、写的具体实践活动。它的内容丰富多彩，形式多种多样。为了使学生了解祖国的语言，对歇后语有一定程度的认识和喜爱，同时通过小组竞赛的方式引导全体学生参与，学会合作，学会倾听，学会展示，本学期我设计了一节语文活动课——歇后语大观园竞赛。在这节课上，学生能在自主的语言实践中感受歇后语的特点，丰富歇后语的积累，并强化运用歇后语的意识。本课能进一步激发学生学习祖国语言的浓厚兴趣，使他们养成自我感悟、自我积累、主动运用语言的好习惯。

开展这样的语文活动课，有利于激发学生学习的自觉能动性。课外活动符合儿童好动的天性，能吸引他们积极参与、大胆尝试，在活动中发现、体味语文的精髓、趣味，进一步提高其学习语文的兴趣，使学生学习语文的自觉能动性得到充分发挥。本节活动课，学生的学习兴趣就十分浓厚，课堂气氛活跃，把教师的讲台变成了学生的舞台，真正做到了以学生为主体，体现了人文性与工具性的有机融合。

本次语文活动课分四关进行，即："热身运动做准备""四大名著知多少""创设情景会运用""创新学习乐趣多"。在竞赛前的一个多月，我就把活动的要求与需要准备的内容告诉学生。在活动要求中，特别提到尊重同学与学会倾听。又给学生讲了一些有关歇后语的小知识以及歇后语在我们生活中的作用，所以学生从一开始就对歇后语产生了浓厚的兴趣，表示愿意去学习，去积累，对最后的竞赛充满期待。

准备过程分为两个阶段：第一阶段是利用早读和管理班的时间，引导学生积累歇后语。第二阶段是积累展示。首先，培训各组小组长，把活动要求跟小组长讲清楚，让他们将任务分配给组内的每一位组员，注意细节，组长要逐个落实检查。其次，每个学生按活动环节自己先准备资料，听从小组长的安排。最后，我再利用课余时间了解学生准备的情况并及时指导。赛前，学生通过自己查找工具书、上网搜集歇后语，请教老师、家长，相互交流等形式，有了一定的知识储备。每个小组长都十分负责，把各部分内容在组内进行了分工，让每一个组员都有展示的机会。

在活动过程中，学生们个个摩拳擦掌、跃跃欲试，情绪高昂。活动以比赛的形式，以小组为单位合作学习，让学生一起策划、组合和研究，公平竞争，大大调动了学生的学习积极性和主动性，学生思维活跃敏捷，兴趣盎然，台上台下互动交流，气氛热烈。每个学生都是学习的主体，教师则是组织者、引导者。在愉快的合作学习中，在友好而激烈的竞争中完成了一节语文课的学习。

"热身运动做准备"和"四大名著知多少"这两关是需要学生赛前进行积累与准备的，而后面两关"创设情景会运用""创新学习乐趣多"则是培养学生使用语言、运用语言的能力。在课上，学生在后两个环节中彰显了个性，既提高了运用语言的能力，又学会了与同学合作，可谓一石二鸟。比如在"创设情景会运用"环节中，由小组长当场抽两条歇后语，给各小组两分钟时间准备用抽到的歇后语造句时，每个学生都"动"了起来，积极思考，为小组同学出谋献策。像第一组造的句子是："历伟的进步真是邮箱没口子——难以置信"，第二组造的句子是："胡东辰和赵雪琪的学习成绩真是张飞战马超——不相上下"，第三组造的句子是："学习就要像银行里的存款——多多益善"，第四组造的句子是："同学们今天把老师气得像珠峰用蒸笼——气到极点"，第五组造的句子是："小明把花瓶摔了，可没有告诉妈妈，心里真像草堆上走路——不踏实"……再比如"创新学习乐趣多"环节，学生结合本班同学的个性特点，自创了歇后语，体现了创新能力。像一些学生说道："刘牧云吹长笛——天籁之音""张楚卿弹柳琴——余音绕梁""张颢骞跑步——风驰电掣""杨煦数学考一百——司空见惯""高文杰投篮——百发百中"……可能学生说的歇后语不是很准确，也不是很规范，但他们乐于尝试创造歇后语，"兴趣是最好的老师"，只要能培养学生学习语文的兴趣，就能在语文教学中产生事半功倍的效果。

通过这节课，我深切地感受到：积累和运用歇后语培养了学生的语文实践能力。学生能知道这么多不同类型的歇后语，并能灵活运用，这都是本次收集歇后语活动的成果。当然，由于初次尝试这类语文活动课，我还有很多需要改进的地方。比如：学生对学生以及老师对学生的有效评价机制，教师应该在这种实践课中扮演什么角色，是不是只当个赛前组织者与赛时旁观者？在类似的语文活动课上，教师应该如何突破教学难点，让学生学有所得？如何引导学生分辨歇后语的感情色彩，等等。总之，每上一堂课，教师都应该有意识地把方法和能力渗透进课堂教学中，并及时地总结与反思，在不断的完善中与学生共同成长。

短短的四十分钟，学生仍意犹未尽。我想学生收获的不仅仅是一个个歇后语，还有语文学习的过程和方法以及学习过程中所获得的乐趣。这节语文活动课，学生一直沉浸在兴奋之中，得到了多感官、多方位的刺激，迸发出了令人惊喜的灵感火花，锻炼了思维能力，更体验到了歇后语的无穷魅力。今后，我将多多开展语文实践活动课。

走进寓言[*]

【研究内容】

北师大版教材中有很多寓言故事，特别是中国古代寓言，其中就有《郑人买履》《刻舟求剑》等。我们想就寓言再做更深入的体会和运用，使学生在原有基础上进一步了解它丰富的内容，并结合寓言的创作情境，以及学生现实生活，初步体会寓言的作用，并激发学生积累寓言、运用寓言的兴趣，培养学生对经典寓言的热爱和在现实社会生活中适度运用的能力。

【教学目标】

通过自主、合作、探究的学习方式，走近寓言，体会寓言的文体特点，了解它丰富的内容，体会它在生活中的作用，并激发学生积累寓言、运用寓言的兴趣，培养学生对经典寓言的热爱和在现实社会生活中适度运用的能力。学习委婉地表达意思，让别人能接受，注意说话的场合和情境。

【教学重点】

学习寓言，体会寓言的文体特点。

【教学难点】

体会寓言在生活中的作用。

【教学准备】

教师：搜集比较典型的寓言故事和图片，激发学生兴趣，引导学生理解。

---

* 该案例及教学反思的作者为张艳苹。

学生：搜集三两篇寓言故事，并能说出为什么喜欢。

【教学过程】

一、走近寓言

1. 看图猜说寓言

同学们，寓言古今中外都有，它是文学中的一块瑰宝，数千年来以其独特的智慧和艺术魅力经久不衰。今天就让我们一起走近寓言，对它进行一番了解。

看图猜这些寓言的名字，看你能猜出几个。

指定一组来汇报，大家看自己是否写对了，全对的举手，大家观察得很认真。

【设计意图：通过"纸上写"这种方式，让全体学生参与，提高参与的深度、广度，并提高学生的兴趣。】

2. 发现寓言特点

谁来给我们讲讲其中的一个寓言故事？大家思考寓言有几个特点，手势表示有几个特点，具体说一说。

(课件出示)故事性、虚构性、寄托性、哲理性。

对照这四个特点，你原来知道几个？现在你能说出几个呢？同桌互说。

【设计意图：通过"手势"这种反馈方式，让全体学生参与；通过和原来比，同桌互说提高参与的深度，让孩子感受自我进步。】

师总结：略。

3. 探究寓言作用

(1)寓言的由来

师介绍："寓言"一词，最早见于《庄子》中的这一句"寓言十九，藉外论之"。

指名读，说说意思。

(2)寓言的发展

我们知道了中国寓言的由来，这样有特点的文学体裁在中国是怎样发展的呢？它原是民间口头创作，在先秦时期已具雏形，春秋战国时代就相当盛行了。寓言经历了这样五个阶段。你能按顺序排一排吗？

打开导学卷，试一试。为什么这样排？说原因。

【设计意图：通过导学卷这种方式，让全体学生参与；再通过说原因让学生深度参与，注意提醒学生及时改正，提高教学的针对性。】

(3)战国时期寓言

A. 先说寓言的名字。你能说出几个？交流一下，看一会儿，你还能多说出几个？

B. 选择一个互说意思。

C. 有不理解的吗？谁能解答？

【设计意图：由说寓言名字到意思，难度逐步加大；注重自学反馈，交流提高，让全体学生参与，让学生深度参与，提高自己。】

这些寓言经久不衰，请大家记住这些小故事蕴含的道理。

二、走进寓言

1. 寓言的作用

看课本剧《螳螂捕蝉》，看完后研究几个小题。

(1)《螳螂捕蝉》通过什么故事，告诉人一个什么道理？

(2)《螳螂捕蝉》中的年轻谋士，为什么要虚构这样一个小故事呢？

(3)为什么年轻谋士不直接告诉吴王这个故事，而在园子寻找机会好几日，装作无意间遇见吴王，再讲这个故事呢？

小组交流回答。

【设计意图：通过创设情境，激发学生深度思考，并通过小组交流的方式全体参与，体会寓言的作用，指导学生学会做事。】

2. 现代意义

《螳螂捕蝉》的现代运用环境，老师出示几个句子。

螳螂捕蝉这样的寓言之所以流传至今，是因为它有着长久的生命力，到现在仍能提点我们如何做事。我们身边就有这样的故事。

(1)体育方面的事。

(2)商业圈的事。

打开你的眼界，你会发现生活中的事暗合着许多寓言的寓意，寓言的运用因而有着广阔的生活背景。

【设计意图：通过现代情境的创设，激发学生将历史和现实结合，深度思考体会寓言的作用，指导学生学会使用寓言，为下面寓言的使用作铺垫。】

三、运用寓言

1. 提供情境，选择寓言

（1）情景略　①夜郎自大　　②邯郸学步　　③不学无术

（2）情景略　①不可救药　　②班门弄斧　　③黔驴技穷

手势表示选择哪一个，为什么？你会选择在什么场合下使用？

【设计意图：通过现代情境的创设，激发学生将历史和现实结合，深度思考体会寓言的作用，指导学生学会使用寓言。】

2. 选择寓言，创设情境

四人小组选择一个寓言说故事。这故事可以是真实发生的，也可以是想象的。一人将运用最独特的故事记录下来，准备汇报。

杯弓蛇影　画蛇添足　掩耳盗铃　亡羊补牢　守株待兔　自相矛盾

小组讨论，选择最佳实例，集体汇报。

【设计意图：这个难度加大，让学生将历史和现实结合，自己创设寓言使用的现代情境，激发学生深度思考，真正学会使用寓言。这个针对的是比较好的学生，以此带动其他学生深度学习。】

四、拓展总结

1. 拓展：不唯独中国，国外也有很多寓言。你们知道有哪些吗？

了解《伊索寓言》《克雷洛夫寓言》《拉封丹寓言》等。

2. 总结：通过这一课的学习，你有哪些方面的收获？

3. 作业

必做：任选阅读《伊索寓言》《克雷洛夫寓言》《拉封丹寓言》中的寓言故事，早读的时候讲给同学们听。

选做：

A. 编演——小组合作，编演在生活中揭示很重要的道理的寓言。

B. 创作——确定在生活中一个很重要的道理，编写寓言。注意寓言的故事性、虚构性、寄托性、哲理性。

【设计意图：本次拓展的不仅是知识，更是学生对人生的认识，还可以成为今后再次研究寓言的动力。】

【教学反思】

从课内向课外拓展　从课外向生活延伸

拓展课是一门新的学科，第一次接触，这是对自己教学方式的拓展，也是对自己任教学科的一种拓展。所以，我很想尝试一种不同于以往的语文课的教法。

以往讲课，翻看语文书，自己喜欢的就会作为讲课内容。可拓展课我要带领学生学点什么呢？一直在思考，一直在思考。

一、从课内选材

1. 痛苦地选材——"他山之石"点醒梦中人

思考之余，"开始备了吗?""没有。""选材是最难的，选好就快了。"有经验的老师这样帮助我，上网搜搜吧，兴许有可用的东西。键入"语文拓展课"，屏幕上果真出现了许多内容，下载一看，没有什么可用的。顿时，心里更没底了。

发愁之余，又像以往备课一样打开了课本。北师大版教材每个单元都有主题，何不从中选取，上一节说话课？翻来翻去，"危急时刻"单元的语文天地的内容最多，而且学生可说的东西也很多，选它吧。可坐下来，认真准备时，却发现这样的说话课会注重科学知识、生活常识等，缺少语文味。不能选！

闲聊之余，同事说："要是我，会讲寓言……"这一选材不错，北师大版教材中有很多寓言故事，特别是中国古代寓言，而且小故事蕴含大道理，读来也有趣，学生会喜欢，就它了。"他山之石"点醒梦中人。

2. 大量地筛选——专家引领精挑细选指方向

网络查找，所有与寓言有关的知识、图片统统下载，在众多资料中又选，选取了寓言的定义、别称、特点、作用、故事等，简单编排，准备作为讲稿，可自己怎么看都像讲座。

把无趣的材料拿给组内同事看，"你可以插图片……可以演课本剧……"一个个好点子，让死材料变活了。周校长更是给我指明了方向。我们想就寓言再做更深入的体会和运用，使学生对经典文学体裁的寓言有进一步、更为全面的了解。

二、向课外拓展

材料准备好了，有了设计思路，开始写教案。忽然发现所准备的寓言都是学生熟知的，就几个寓言反复地学，势必会让学生觉得没有趣味，要让内容尽量多样化。在备课中我精心选取了 20 则寓言，学生查阅相关资料若干，分配在不同的内容中。有熟知的，也有陌生的，有课本中的，也有课外的，这样结合起来所学内容更有层次感。

1. 结构的层次性——"近"与"进"的区别

走近寓言的"近"是接近的意思，学生与寓言亲密接触。走进寓言的"进"是从外面到里面的意思，学生要深入学习寓言，了解寓言的作用。这样呈现出了学习内容的阶梯性。

2. 参与的全体性——来自考试的启发

学生考试中往往会有看图填成语、诗句的题目，我们备受启发。于是给出一系列的图，让学生猜出寓言的名字，在导学卷中写出寓言的关键字。这样通过"纸上写"这种方式，让全体学生参与，提高参与的深度、广度，并提高学生的兴趣。其中所涉及的寓言有些内容是有难度的，所以给学生一个交流的课堂，让"生生交流"多起来，发挥优秀学生的引领性，以带动全体学生。

3. 反馈的及时性——举手反馈、同桌互说

寓言经历了五个阶段，学生排顺序，全对的举手反馈。这样的例子还有很多，以此来让全体学生及时反馈，老师了解学习状态，发现学习中存在的问题。在学习后我让学生互相说一说，巩固前面学习的内容，让学生深度参与。我还注意提醒学生及时改正，提高教学的针对性。

但若只这样学寓言，了解寓意，也无趣。我们的语文教学难道只教知识？不，语文教学最终的目的是用语文，我们要让学生从语文走向生活。

三、向生活延伸

本堂课旨在结合寓言的创作情境，以及学生的现实生活，初步体会寓言的作用，并激发学生积累寓言、运用寓言的兴趣，培养学生对经典寓言的热爱和在现实社会生活中适度运用的能力。

1. 注重实践，多方面实践寓言——探究寓言的作用

看课本剧《螳螂捕蝉》，思考寓言的作用。通过创设情境，激发学生深度思考，并通过小组交流的方式全体参与，体会寓言的作用，指导学生学会做

事。再通过现代情境的创设，激发学生将历史和现实结合，深度思考体会寓言的作用，指导学生学会使用寓言，为下面运用寓言作铺垫。

2. 联系生活，培养学生运用寓言的能力——把寓言当参谋，为自己当军师

"让语文走进生活，在生活中学习语文"。学校里、大街上、社会上……到处都有寓言的影子。抓住生活的点点滴滴，眼里有资源，心里有教育，课程资源就无处不在。

选择寓言，创设情境，说小故事。这故事可以是真实发生的，还可以是想象的。这里难度加大，让学生将历史和现实结合，自己创设寓言使用的现代情境，激发学生深度思考，真正学会使用寓言。这个针对的是比较好的学生，以此带动其他学生深度学习。

有了前面的学习，学生们参与的积极性很高，思考的面也很宽。有的组介绍同学间的事：比赛输了，他不敢见教练，于是遇到教练就闭上眼睛，认为这样教练也看不见他，真应了掩耳盗铃这则寓言。有的组谈自己的观察：现在很多人喜欢往手机上贴膜，但这样会影响手机的散热、触感等，真是画蛇添足。睁开眼睛去观察生活，孩子会学到很多。还有的孩子说到了新闻方面的内容：某人在一小区偷盗电动车，5 天后又"重游"案发地，当场被值勤人员抓获，守株居然真的能待兔。寓言还能活用。班上还有学生打破了老师给的框架，选择了其他寓言来说，并且很有时代性、政治性。如：新领导上任后严抓不法分子，不法分子四处逃避，不断伪装自己，就像惊弓之鸟。这更加体现了个性化绿色课堂的核心。学生一旦在生活中学会这种方式，必会把寓言当参谋，为自己当军师。这样的生活才是有趣的、机智的。

对本节课，我还做了如下的反思。

1. 调查问卷分析

（全班有六人多选，其余为单选。）

学生对本堂课感兴趣的是学习的内容，乐于学习这方面的新奇的东西，喜欢互动。学生还想接着探索寓言的特点、道理及现代的应用，以及其他语文方面的有趣的知识，等等。一节课能让学生有这样的兴趣，是可贵的。毕竟这样的课是很少的，我们怎样才能满足学生的愿望，让孩子们主动向课外去探索？这值得进一步探讨。

2. 课堂分析

课堂上学生学到很多内容，但是课堂的气氛始终不太活跃，其中有我班学生的常态问题——慢热，还有教学设计的问题——少趣味。课后，组内讨论"设计中还可以再多些趣味性，例如做游戏、抽签判断等"。

课堂上教师关注的生成不够。在手势回答问题时，个别学生的答案不一致，教师使用讲授的方式来纠正，没有让学生自己去用已有知识来探索解决。例如："负荆请罪是战国时期的寓言"。负荆请罪是发生在战国的事情，但明显不是寓言，可以让学生运用寓言的特点来判断。负荆请罪是一个真实的历史故事，有其哲理性，但不具有虚构性。这样解决，学生不仅明白了负荆请罪不是寓言，而且巩固了前面学习的内容，一箭双雕。

拓展是满足学生需要的兴奋剂。学生在拓展中进一步激发了兴趣，巩固了知识，体验了成功，更为可贵的是总结了规律，形成了能力，提升了境界，培养了可贵的创新精神。这是每一个"探路者"的愿望，我们在努力！

【附件】

《走进寓言》导学卷

（希望通过今天的学习，你能喜欢上寓言。）

1. 看图猜寓言（记关键字）。

①_____　②_____　③_____　④_____

⑤_____　⑥_____

2. 发现寓言有（　　）个特点。

3. 把寓言经历的五个阶段按顺序排好。（写序号）

（　　）先秦的说理寓言

（　　）唐宋的讽刺寓言

（　　）明清的诙谐寓言

（　　）两汉的劝诫寓言

（　　）魏晋南北朝的嘲讽寓言

4. 选择寓言《　　　　　　　　》，创设一个现代小故事。

_____

_____

_____

_____

5. 通过这一课的学习，有什么收获？还有什么愿望？（了解的打"√"）

(1) 了解了寓言的定义、由来和发展史。（　　　）

(2) 明白了寓言的特点和作用。（　　　）

(3) 知道寓言能委婉地表达意思，让别人能接受。（　　　）

(4) 知道运用寓言也要注意说话的场合和情境。（　　　）

其他：（可以是学到的其他内容，还可以是想继续了解的内容）

走进对联天地*

【研究内容】

对联是中国所独有的艺术门类，它不仅承载着历史悠久的中华文化，同时又将汉字音、形、义的张力与美感发挥到了极致，成为了人们生活中的重要部分。

本次语文实践活动，是让学生透过对联这个窗口，认识中华传统文化的魅力，提高其文化修养。有效激发学生学习兴趣，产生自主学习的内驱力。培养互助协作意识，提高学生语文综合素质。

【教材背景分析】

北师大版教材也比较重视对联这种文学形式的积累，六年级下册第二单元的主题是"遗迹"，其中第一课《长城赞》是当代著名学者所撰的一副对联。"语文天地"的"日积月累"中也介绍了3副与遗迹有关的对联。小学的12册教材中，"日积月累"中频频出现对联，专门介绍了"对子歌"，也有关于对联的小游戏。

【学情简析】

六年级学生对新事物兴趣浓厚，比较愿意表现自我，对活动的课堂十分感兴趣。寒假中，我们要求学生搜集春联，外出旅游时要关注楹联，学生对

---

* 该案例及教学反思的作者为程永红。

对联有了一定感性认识和数量上的积累。我们设计这个语文综合活动课，是希望学生对对联有一点理性的认识。

针对学生这些特点，本次活动教师将引导学生自主学习、互助学习、成果展示，把学生自主评价与教师评价相结合，进行探究性教学尝试，增强学生学习兴趣，使其掌握对联的有关知识。拓宽知识面，加强学生对我国传统文化的了解。帮助学生主动探索正确的学习方法，提高自主学习效率，提高语文综合能力。

本次活动以组织学生充分参与为原则，设计竞赛、评比、奖励等环节，调动学生学习的主动性和积极性。在教师引导下，学生以学习主人的身份，参加筹备、竞赛、展示、评比全过程，在获得知识的同时，掌握方法，形成能力。

【教学目标】

1. 知识目标：掌握对联的基本特点，积累大量常用名联，能进行简单创作。

2. 能力目标：

(1)激发学生了解传统文化的求知欲，培养主动学习的习惯和能力。

(2)培养搜集资料的能力、提炼归纳的能力、口语表达的能力、临场应变的能力。

(3)培养遵守规则、合作学习的能力。

(4)培养拟写简易对联的能力。

3. 情感目标：借助对联，接受传统文化熏陶，产生兴趣，提高修养。

【教学重点】

训练学生收集、处理资料的能力，让学生发现适合自己的自学方法。

【教学难点】

前期准备阶段教师对学生的适当引导与充分调动。

【教学方法】

1. 情境教学法

2. 展示成果法

3. 竞赛活动法

【教学准备】

多媒体教学、网络资源与生活资源。

【教学过程】

一、前期准备

1. 所有同学通过各种渠道查找资料，增加对对联的初步认识，培养兴趣。

2. 将学生分为"起源""种类""特点""创作"小组，委派组长协调准备中的各项工作。

3. 研究"起源"的小组安排同学介绍资料。

4. "种类"组安排准备对联种类介绍。

5. "特点"组负责安排同学准备特点的讲解环节。

6. "创作"小组安排同学的创作内容。

7. 所有同学分别积累几副对联，在组间交流。

二、活动环节

1. 对联的起源（小组介绍，选择题）。

2. 对联的种类（小组互动分类并展示）。

3. 对联的特点（通过赏析对联，引导学生发现和探究）。

4. 对联的创作（由易到难）。

三、活动流程

1. 对联的起源

(1) 故事引入。

①东晋王羲之的对联故事。

②苏东坡的哑联故事。

(2) "起源"组进行介绍。

介绍方式：播放视频，出示选择题，进行竞赛。

【设计意图：用对联故事，引发学生对对联的兴趣；通过知识竞赛，达到对对联的初步了解。】

2.对联的种类

以节令联为例,提示学生按内容进行分类的方法。

提问:大家还知道对联有哪些种类?它的主要特点是什么?

(1)风景联、喜庆联、学术联、杂感联、题赠联、节令联等。

(2)判断自己手中对联的种类。

(3)请小组交流,并选出一类进行展示。展示前各小组组长之间进行简单交流,组与组之间的对联种类尽量不要重复。

(4)小组汇报展示。

(5)个人评议:表现出色请给自己打三颗星,一般则打一颗星。

【设计意图:通过分类介绍,让学生了解常用对联的种类,并进行简单判断。】

3.对联的特点

(1)学生通过介绍古诗中的对联"两个黄鹂鸣翠柳,一行白鹭上青天",引导同学发现对联字数相等、词性相同的特点。

(2)学生通过介绍自己书房的对联"宝剑锋从磨砺出,梅花香自苦寒来",引导同学发现对联结构相同的特点。

(3)学生通过介绍自己去风景区看到的对联,引导大家发现对联还有内容相连的特点。

(4)关于平仄的特点。(老师参与讲解)

(5)总结对联的特点。

(6)根据对联特点,做两个修改对联的小练习。

【设计意图:通过学生的归纳、总结,把对联显而易见的特点进行归纳,难点进行重点突破。】

4.对联的创作

(1)小小的热身,背诵一下李渔的《对韵歌》。

(2)对词组(在练习篇上完成)。

(3)填成语(抢答)。

(4)补充对联(抢答)。

(5)师生创作(自由对答)。

四、活动总结

关于对联,当我们追溯它的时候,它源远流长;当我们了解它的时候,它内涵丰富；当我们欣赏它的时候，它精彩纷呈；当我们触摸它的时候，我们发现，它需要我们有深厚的底蕴，丰富的情感，精湛的技艺，强大的思维。这就是对联的魅力，也是语文的魅力。希望你能在今天的对联天地中有所收获，有所思考。

学生谈这次活动的收获，评选优秀活动小组。

【布置作业】

1. 继续积累生活中精彩的对联。
2. 如果感兴趣，试着和周边的人创作对联。
3. 把自己创作的对联写下来和同学进行交流。
4. 把你最欣赏的对联推荐给大家。

【设计意图：通过有梯度的创作设计，引领学生产生创作的欲望，进行简单的创作。】

【教学反思】

分组探寻对联天地

本次语文实践活动，目的是让学生透过对联这个窗口，认识中华传统文化的魅力，提高他们的文化修养。有效激发学生学习兴趣，使他们产生自主学习的内驱力。培养互助协作意识，提高学生语文综合素质。

在准备这节课的过程中，采用什么样的形式，成为了这节课的瞩目之点。在分析了学情之后，我决定用小组分工合作的形式将这节课按板块完成。学生分组后在搜集资料、选取汇报形式上颇费心思，力求完美，他们在过程中得到了锻炼。创作作为这节课的亮点，我们对它进行了精心设计。根据前面学生的积累情况，选择了由易到难的梯度。先通过一个小小的热身，在练习篇上进行了词组的对填，然后通过抢答的游戏，进行了成语的练习，最后进行了独立创作。在创作的过程中，学生把前面掌握的知识运用到了创作中，他们激情四射，创作的过程精彩纷呈。在个别有挑战的题目面前，他们走到听课的老师、学者中间，寻求最佳的答案。整节课，学生全情投入，兴趣盎然，充满自信。

最后，在总结学习方法时，学生将整个过程（包括前期到上课）进行了精彩归纳，将本节实践课推向了高潮。

查————————读————————品————————创作

（搜集、筛选）（熟读、积累）（欣赏、交流）（运用、生成、提高）

让学生成为学习的主人，把课堂最终变成学生的课堂，让学生在活动中放手一搏，相信学生的能力，是这节课给我的最大启示。

本节课也存在着不足，由于时间的关系，对许多学生搜集来的精彩对联，未进行深度赏析。

【附件】

导学卷

一、学习过程记录卡

	参与	成绩	成绩	成绩	成绩
起源					
种类					
特点					
创作					

二、创作对联填词组

辞旧岁 （　　　　　　）

千山秀 （　　　　　　）

蜂采蜜 （　　　　　　）

冬去 （　　　　　　）

行千里路 （　　　　　　）

山清水秀 （　　　　　　）

品味对联的艺术 *

【研究背景】

翠微小学一直进行"个性与适度"的"绿色课堂"教学实验，强调"个性"中的"适度"，"适度"中的"个性"。"适度"包括目标适度、资源适度、活动适度、练习适度、评价适度等方面；"个性"是针对教育的发展方向——"为每一个孩子提供适合的教育"提出来的，要求"关注每一个学生，帮助每一个学生，激发每一个学生"。即尊重学生在某一年龄层次认知的普遍规律，也尊重每一个学生在认知中的独特性，强调公平与个性张扬，情趣与价值共生。

而在语文学科教学中，我们经过多次研究课的研讨，认为在语文拓展课上这一专题研究比较容易推进。因为这样的课能够充分调动学生搜集资料、提炼归纳、思维表达、遵守规则、合作学习、临场应变，在这一过程中我们能发现学生的特点，发展学生多方面的能力，"个性与适度"的"绿色课堂"理念能比较好地彰显。

语文拓展课程将是我校的校本必修课程，现在正处于研究阶段，比较成熟后，再在一线广泛实施。我们制订了语文拓展课程的开发方案和课程纲要，规定了语文拓展课程四大板块的内容：语文综合实践、专题积累运用、书籍阅读欣赏、口语互动交际。上学期我们每个年级拿出一节研究课，这学期每个年级拿出一到两节研究课。目前市教科院的老师们参加了我们三轮的研究，每一轮研究都实质性地解决了某一方面的问题。第一轮"船""奇石"解决的是人人参与和展示的问题，保证教学面向每一个学生，但是语文学科特点不是很突出，互动生成更是缺乏；第二轮"词语积累""对联世界"解决的是语文学科特点比较突出，又互动生成的问题，但是环节还是多，内容不够聚焦，深层次的互动未被激发；第三轮"品味对联的奇妙"将承继前两轮的研究成果，同时还要围绕"深层次的互动"这个问题进行探究和解决。

---

　　* 该案例的作者为周金萍，教学反思的作者是赵乐林。

【研究内容】

北师大六年级下册第二单元的主题是"遗迹"，其中第一课《长城赞》是当代著名学者所撰的一副对联。"语文天地"的"日积月累"中也介绍了3副与遗迹有关的对联。小学的12册教材，"日积月累"中频频出现对联，专门介绍了"对子歌"，也有关于对联的小游戏。于是前一段时间，程永红老师以一节语文实践活动课，带领六年级12班的学生《走进对联天地》。

在对这节课的评议中，专家提出：环节不要太多，尽可能浓缩一个环节，让学生深度思维，因为深度思维才可能呈现学生潜在的个性化，然而这种深度思维也需有度。针对六年级学生，针对前一节课入门学习的基础，这节课便定位于"赏"，每个学生"赏"的方法、"赏"的层次、"赏"的情趣不一样，但不管如何，都能使学生对这一中华传统经典语言艺术——对联有进一步的了解，在原有基础上了解它丰富的内容，清楚它多样的手法，体会它美妙的意境，初步学会欣赏对联，并激发学生积累对联的兴趣，培养学生对中华传统经典语言艺术的热爱。

【学情分析】

六年级12班38名学生。热情开朗，愿意表现自己，愿意与别人沟通，愿意接受挑战，但思考问题浅尝辄止，大约三分之一；有五六位学生比较弱，常游离于问题之外；有的孩子因为觉得自己大了，比较羞涩，不好意思举手了，大约五六个；还有三分之一学生能参与、能跟进。

我们把对对联有目的的专题学习分了四个阶段：

1. 课外积累。教师提出作业要求，搜集对联，出外旅游关注楹联。学生对对联有了一定感性认识，一定数量上的积累。

2. 自主展示。教师指导学生策划对联学习方案，并根据学习内容，让学生结为小组，准备展示和互动的内容。

3. 课堂互动。在教师指导下，学生充分参与，设计竞赛、评比、奖励等环节，教师引导学生自主学习、互助学习。

4. 聚焦生成。围绕"欣赏对联"这一内容，学生收集自己最喜欢的，也能让同学明白的对联，从初步欣赏到深度欣赏，进一步体会对联的特点，了解它丰富的内容，清楚它多样的手法，体会它美妙的意境，初步学会欣赏对联，并激发学生积累对联的兴趣。

本课将要进行的是第四阶段。

【教学目标】

通过自主、合作、探究的学习方式，进一步体会对联的特点，了解它丰富的内容，清楚它多样的手法，体会它美妙的意境，初步学会欣赏对联，并激发学生积累对联的兴趣，培养学生对中华传统经典语言艺术的热爱。

【教学重点】

体会对联的特点，了解对联丰富的内容。

【教学难点】

初步学会欣赏对联，并尝试创作对联。

【教学准备】

学生：搜集并选择两三句自己喜欢的、健康的、文质兼美的对联，并能说出为什么喜欢。

教师：搜集比较典型的文质兼美的对联，引发学生兴趣，引导学生赏析。（演示文稿）

【教学思路】

初步赏析对联

1. 学生交流收集的对联。

2. 欣赏老师收集的对联。

深度品味名联

1. 运用创作方法赏析。

2. 利用故事情境赏析。

创作考查赏析

1. 利用情境创作。

2. 拓展想象创作。

学生总结收获

激发学生探究

【教学过程】

课前交流

成语之间的对联：

山明水秀——鸟语花香　　望梅止渴——画饼充饥

大禹治水——女娲补天　　精卫填海——愚公移山

古诗中的对联：

两个黄鹂鸣翠柳　一行白鹭上青天　　　明月松间照　清泉石上流

竹喧归浣女　莲动下渔舟　　　　　　　烽火连三月　家书抵万金

人闲桂花落　夜静春山空　　　　　　　白毛浮绿水　红掌拨清波

感时花溅泪　恨别鸟惊心　　　　　　　远看山有色　近听水无声

春去花还在　人来鸟不惊　　　　　　　千山鸟飞绝　万径人踪灭

一、导入新课

4月24日周二，也在这里，你们和程老师一起走进了对联的世界，初步感受了中华传统经典语言——对联。课结束了，但却引发了我的兴致，回家后欲罢不能，就研究起对联来，我想知道我们有多少同学课结束后还在自发地继续关注对联？任何学习浅尝辄止，都难以体会其中的神奇。今天我们不是简单地走进对联的世界了，而是要有选择地驻足流连，品味对联的艺术。

二、初步赏析对联

(一)学生交流收集的对联

1. 同伴合作学习

要求：

(1)分享：A. 正确流利地读；B. 一位同学说对联的特点，一位同学说为什么喜欢自己选择的对联；C. 注意相互倾听、完善，提出好建议。

(2)评价：根据评价表自我评价。

2. 全班交流学习：教师行间巡视，记住学号，针对性发言

选择说对联特点的同学起立，抽签组，抽签人，请两位同学发言，其他同学倾听，注意哪位同学对联特点说全了，哪位同学需要你补充。

出示对联的特点，谁能挑战自我，结合自己的对联，说全对联的特点。

(1)字数相等，断句一致。

(2)平仄相对，音调和谐。

(3)词性相对，结构相同。

(4)内容相关，没有重复。

选择说喜欢原因的同学起立，抽签组，抽签人，请两位同学发言，其他同学倾听，注意哪些原因分析得好，你还有哪些补充。

教师注意引导，出示赏析方法：

(1)赏内容——整体看，写了什么。

(2)赏手法——品字词，好在哪里。（三者融合）

(3)赏意境——多联想，体会情意。

总结：刚才同学们利用对联的特点初步体会了对联的艺术，有的还从整体内容、创作手法和表达情意方面欣赏了。下面试试看能不能运用这些方法欣赏以下三副对联。

【设计意图：每个孩子根据自己选择的对联进行学习，体现适度和个性化学习，体验性复习对联的特点，了解学生的赏析基础，师生互动给予引导，为赏析打下基础。通过交流，展示和完善学生的个性化学习；同伴合作，共同分享和进步；最后自我评价，促进自我学习。抽签式的展示增加课堂学习的情趣和人人参与的意识。】

(二)欣赏老师收集的对联

1. 具体内容

(1)马过木桥蹄打鼓

　　鸡啄铜盆嘴敲锣

（写动物，用"打鼓""敲锣"的拟人手法，形象直观地描写了马、鸡它们发出声音的特点，表达一种生活情趣。）

(2)青山原不老为雪白头

　　绿水本无忧因风皱面

（写景物，用"白头""皱面"的拟人手法，写出青山上白雪皑皑，绿水上涟漪阵阵，展示一种独特的情境。）

(3)红面关黑面张白面子龙面面护卫刘先生

　　奸心曹雄心瑜阴心董卓心心夺取汉江山

（写人物，用"面""心"的反复手法，凝练地写出了三国人物的特点，展示了一段历史。）

2. 自学要求

(1)正确朗读三副对联。

(2)你喜欢哪一副？试着背诵。

(3)交流喜欢的原因。

(4)试着借助黑板上的赏析方法。

赏内容——整体看，写了什么；

赏手法——品字词，好在哪里；（三者融合）

赏意境——多联想，体会情意。

评价：哪一条做得好，或经过学习知道了，有进步的，请画上一颗星。

【设计意图：老师选出的对联包含了较为丰富的内容，尽可能满足学生不同的需求，引导学生初步运用方法，试着自主赏析，看学生是否在前一次指导基础上有方法，有提高，并通过自我评价来进行自我监控和自主学习。】

刚才大家试着用这样的方法来欣赏对联，下面你们就检验一下自己是否能独立运用这些方法，写批注。

三、深度品味名联

(一)运用创作方法赏析

1. 具体要求

(1)读正确以下对联。(2)最少选择其中一副对联，参考以下资料，赏内容，赏手法，赏意境。(3)简要写上关键词，抓住关键词表达：用了什么手法？写了什么？好在哪里？表达了什么？

◆（双关法）（回文法）（顶针法）（比拟法）

◆（比喻法）（夸张法）（拆字法）（反复法）

双关：利用汉字的同音异义特点，似说甲，实指乙，一语双关，含而不露。

回文：用回文形式写成的对联，既可顺读，也可倒读，不仅意思不变，而且颇具趣味。

顶针：指对联的前一个分句的句脚字或词，是后一个分句的句头字或词，相邻的两个分句，首尾相连，一气呵成。

比拟：或以物拟人，或以人拟物。

比喻：用一个为人们所熟悉的事物或现象去说明，形象直观，生动而贴切。

夸张：把事物故意夸大或缩小，极力渲染。

拆字：把文字拆开，把偏旁组合，构成字面上的对偶关系。

反复：为突出某个意思，强调某种感情，让某些词语在句中反复出现。

2. 具体内容

(1)春风大胆来梳柳

　　夜雨瞒人去润花

(写的是春天。一个"大胆梳"，一个"瞒人润"，拟人的手法。春风中柳条像长发一样潇洒飞舞，蒙蒙细雨无声地滋养花朵。情景交融，意境优美！写出了春像调皮的孩子一样充满生机，一会儿胆大包天地梳理柳条，一会儿小心翼翼地滋润春花，作者对春天的喜爱之情溢于言表。"春风大胆，夜雨瞒人"换一下可以吗？不可以。用词多么精妙！)

(2)咸蛋剖开两叶舟内载黄金白玉

　　石榴打破一花罐中藏玛瑙珍珠

(写的是食物，运用的是比喻手法，形容其色彩和形状的美好，让人馋涎欲滴。)

(3)天作棋盘星作子谁人敢下

　　地当琵琶路当弦哪个能弹

(写的是天地大自然，运用的是比喻兼夸张，表达了大自然的清远寥廓，以及人的一种阔达豪情，情趣盎然。)

(4)两船并行橹速不如帆快

　　八音齐奏笛清难比箫和

(表面看写的是橹和帆，笛和箫，实际上"橹速"谐"鲁肃"，"帆快"谐"樊哙"，"笛清"谐"狄青"，"箫和"谐"萧何"。写了四个历史人物的比较。)

(5)香山碧云寺云碧山香

　　黄山落叶松叶落山黄

(写的是南方的黄山、北方的香山，运用回文的手法，写出了黄山秋日之美，香山天蓝、云白，山色宜人，对比出两种景观。)

(6)秋月月月月台上赏月

　　夏天天天天井中聊天

(写了秋、夏两个季节人们的休息方式，运用了顶针法，描写人们秋日经常在月台上赏月，夏日经常在井台聊天，展示了一种悠闲生活。)

(7)移椅倚桐同观月

等灯登阁各攻书

(写出一个夜晚，梧桐树下，移椅赏月，静静阁楼，挑灯夜读，巧妙利用音近、形近字，渲染环境的宁静、人的专注，展示了一种雅趣。)

(8)水有虫则浊，水有鱼则渔，水水水，江河湖淼淼。

木之下为本，木之上为末，木木木，松柏樟森森。

(浊、渔、本、末、淼、森，运用拆字法，写各种水脉形成的浩淼，各种林木形成的繁茂，展现了自然景观的一派气象。)

3. **交流步骤**

(1)断句正确，熟读对联。

(2)自主选择，用心批注。

(3)同伴互学，欣赏补充。

根据选择的内容，分组研讨，确立一名组长，让他安排好人员和讨论：一个人主说，一个人记录修改，其他人补充完善，推荐一个代表发言。

(4)全班交流，倾听评价。

先读，再说。赏内容，赏手法，赏意境。

听的人完善你的批注或补充你的意见。

利用对联的特点，根据你的赏析，看能否记住其中一副对联。

总结：刚才主要利用对联创作手法进行赏析。

(5)总结对联的创作手法。

◆(双关法)(回文法)(顶针法)(比拟法)

◆(比喻法)(夸张法)(拆字法)(反复法)

【设计意图：利用对联特有的创作手法赏析对联。】

(二)利用故事情境赏析

1. **具体内容**

(1)韩信庙前有一副对联：生死一知己　存亡两妇人。是什么意思？(由于萧何的推荐，韩信被拜为大将，也由于萧何的计谋，韩信惨遭杀害。韩信少时，穷得常常挨饿，漂母怜而饭之他才得以生存，而最后功成名就他又死于吕后之手。此联仅用寥寥十个字，就概括了韩信的一生，可见我们汉语富有何等的表现力！)

(2)金圣叹是明末清初的文学批评家。1661年，金圣叹因参与"抗粮哭庙案"被判处死刑。临刑前，儿女们来到刑场活祭，哀痛无比，他却非常从容。为了减轻死别时的凄惨气氛，他念出五个字要儿女们对："莲子心中苦"。儿女们止住啼哭，都急于对下联。行刑时间已到仍未对出，金圣叹只好自补下联："梨儿腹内酸"。你能说出"莲子心中苦/梨儿腹内酸"这副对联在此情此景中的意义吗？（"莲"和"怜"谐音，"梨"和"离"谐音。）

2. 学习要求

(1)同伴商量，可以选择其中一个。

(2)据此总结方法：还可以利用什么赏析？

【设计意图：学习联系人物事迹和当时场景赏析对联。】

3. 教师总结

对联，往小了说能表现一种雅趣、一种悠闲，往大了说则呈现一派天地气象，一部人生历史。说它是中华传统经典语言艺术毫不夸张！试问哪一个国家，哪一个民族会有这样的语言艺术？

4. 选择积累

刚才呈现了很多对联，你能选择一两副原先不知道的、文质兼美的对联背一背吗？（展示）

品味欣赏水平直接影响着创作水准。从创作水准，我们能看出赏析水平。下面我们来小试牛刀。

四、创作考查赏析

1. 具体内容

(1)利用故事对对子

金圣叹自幼聪慧，一次去应童子试，看见篱笆下开着一朵鲜花，便跑去摘下，边走边闻，不知不觉进了考场，忽见主考官(老宗师)坐在堂上，连忙将鲜花藏入袖中，谁知老宗师早已看得一清二楚，随口说道："小童子暗藏春色。"幼小的金圣叹已知事情败露，只好回答："(老宗师)(明察秋毫)。"老宗师听到对自己的夸奖，不禁大笑起来。

(2)反复推敲对对子

为下联各加一字作腰。

轻风（　）细柳　淡月（　）梅花

轻风摇细柳　淡月照梅花；轻风舞细柳　淡月隐梅花；

轻风吹细柳　淡月染梅花；轻风拂细柳　淡月映梅花；

轻风妆细柳　淡月饰梅花；

应该说都相当不错，但还不如：轻风扶细柳　淡月失梅花。"扶""失"都是极普通平常的字，但只要用得恰当，就能给人以丰富的美感。

写什么季节的？如果写一个季节，你怎么改？

2. 学习要求

(1)选择一个，自己先考虑。

(2)想不出来，或想寻求多种答案，可请教在座的老师。

【设计意图：品味欣赏水平直接影响着创作水准。从创作水准，我们能看出赏析水平。以此进一步激发学生深度思维，体现学生学习的不同水平。】

五、学生总结收获

通过这节课的学习，你对对联又有什么新的认识？汉语对联是对大自然和谐之美的真正感应，是对社会生活中对称和谐之美的认识表现，它为我们创造出了广阔无垠的对称和谐的新天地。赏析对联不仅帮助我们积累了丰富的语言知识，培养了敏锐的思维能力，更能增强我们的文学修养，滋养我们稚嫩的心灵。

六、激发学生探究

今天我们还只是初步赏析对联，如果你要有兴趣，建议继续学习对联的节奏、对联的风格，等等。而要想悟透对联真正的艺术魅力，恐怕需要你一生的精力。赠送陶行知的言志联给学生：

以宇宙为教室

奉自然作宗师

【设计意图：鼓励学生读万卷书，行万里路，品丰富人生。】

【板书设计】

品味对联的艺术

赏内容——整体看，写了什么　　特点

赏手法——品字词，好在哪里　　手法

赏意境——多联想，体会情意　　背景

【教学反思】

打开语文学习的另一扇窗

语文综合性学习应该姓"语"，不管我们的学习活动涉及哪个领域，哪门学科，采取哪些方式，其落脚点都在"致力于学生语文素养的形成和发展"，而语文素养的关键和基础便是语言能力的培养。因此，在丰富多彩的综合性学习中，我们不忘积累语言，才能使语文不变"味"；不忘品味语言，才能使语文韵味十足。那么，到底什么才算得上是一节好的语文综合实践课呢？上周二周校长为我们上了一节示范课，令我沉醉，回味无穷，受益匪浅。

周校长执教的内容是《品味对联的艺术》。课前，我在想：这样的课程，没有文本，教学内容又该如何把握？况且，对联作为我国独特的语言文学艺术形式，历史悠久，源远流长，它所涉及的内容包罗万象。然而，随着清末学塾教育的消亡，对联作为一种教育教学方式也消失了。当今的小学生，对对联这一传统文化知之甚少，上这种课，教师一定要有深厚扎实的文学素养，才能给学生高层次的点化。亲眼目睹周校长精心建构的课堂后，我豁然开朗。

一、独特的教学方式让我们耳目一新

在前一节程永红老师对这班学生进行对联入门教学的基础之上，周校长将这节课定位于"赏"。学生在"赏"对联的过程中，不仅陶醉于传统文化，而且能充分体验发现新知的乐趣，感悟文学艺术的奇妙，品味创造成功的甘甜。整个教学设计循序渐进、环环相扣，教师运用读、思、赏、说、对等多种学习方式，让学生尽情品味，感悟对联的语言魅力和文化底蕴。孩子们在自主、探究的活动中，感悟到经典的无穷魅力。课堂上，在传统文化的浸润中，在周校长富有诗意的语言引导下，一副副对联恰似一条条彩带，将学生的心连在一起，又像一杯杯陈年佳酿，飘荡着醉人的醇香。

这堂课主要由三大板块组成。

（一）初步赏析对联

教师首先组织学生分成学习小组，合作交流自己积累的喜爱的对联，并明确提出小组合作要求：一位同学说对联的特点；一位同学说为什么喜欢自己选择的对联；相互倾听、完善，提出好建议。然后根据小组的汇报，课堂中产生的生成，教师由学生的回答，巧妙引导他们总结出对联的赏析角度：

赏内容——整体看，写了什么；赏手法——品字词，好在哪里；赏意境——多联想，体会情意。接着，教师继续引导学生从这三方面的赏析角度欣赏老师收集的对联。

教师选出的对联包含了较为丰富的内容，既适合学生的理解，又能激发学生的兴趣，还满足了学生不同的需求。教师引导学生试着自主赏析，看学生是否在前一次指导基础上有方法，有提高，并通过自我评价来进行自我监控和自主学习，令学生在无形中感受着语言的魅力，在潜移默化中受到了启迪，真可谓"润物细无声"！

(二)深度品味名联

这一环节则更让人看到了一位老师的文化功底。教师出示八副对联，让学生自主选择一副，从内容、手法、意境进行赏析，并用心批注。随后，再一次自成小组，同伴互学，欣赏补充。此刻，教师把学习的空间完全交给了学生，孩子们或大声吟诵，或彼此切磋交流体会，他们精彩的评析、铿锵有力的诵读，令在场听课的老师啧啧称赞。老师们也跟着孩子们一同品味、一同吟诵，徜徉在对联的世界中。此时的教室如同一个巨大的磁场，所有人的心随着经典名联，一起轻舞飞扬……一个季节、一餐美味、一腔豪情、一部历史、一处景观、一种悠闲、一种雅趣、一派气象——孩子们逐步感受到了中国对联的博大精深。

(三)创作考查赏析

有人说，一堂好课应像一篇文章的精彩结尾，要达到"文虽完但意无穷"之效，留给学生更深的思考和长久的兴趣。在我看来，周校长这堂课的结尾就是点睛之笔。教师引导学生利用故事对对子、反复推敲对对子，如果遇到困难，还可以和台下听课的老师共同切磋。这一环节的设计，全面调动了学生的积极性，他们个个情绪高涨，把课堂气氛推向了高潮。这样的课，对学生的影响是深远的。教师使用这样别出心裁的学习形式，学生学对联怎么会不兴趣盎然呢？

二、诗化的课堂语言带给我们别样的享受

《品味对联的艺术》一课，教师所设计的对联前后不下 30 条。这种大容量的课堂，学生非但不觉得累，反而越学越有劲，这得益于周校长厚实的语文积淀，是她用诗一般丰富的语言营造了整个课堂。整个教学过程自然和谐，周校长始终用微笑和学生亲密沟通，注重以学生为主体，关注学生所

想、所说，不断用激励性的话语从正面加以引导，每当学生回答问题后，她都给予一定的评价——"你的知识面真丰富""你鉴赏的角度真是与众不同"——一句句看似平常的语言却蕴涵着教师对学生的赞赏。周校长真正做到了把课堂还给学生，让学生在轻松愉快的心情下掌握知识。尤其值得一提的是，从开始到结尾，周校长为学生提供了精当的点拨、指导，点在思路的开拓处，导在心灵的交流上。优美的语言，如同一块磁铁，吸引学生沉浸其中，震撼学生的心灵。"腹有诗书气自华"，试想，一个自身语言都贫瘠干涸，安于就事论事、墨守成规、照本宣科的教师是无论如何也难把课堂变得有滋有味的。反之，如果一个教师在课堂上出口成章，辞藻丰富，旁征博引，妙语连珠，收放自如，这样的课堂又怎能不吸引学生，怎能不精彩呢？

语文综合性学习是学习方式的综合，是跨学科的综合，是听、说、读、写的综合，但无论怎样综合，落脚点一定要在语文上。这节课，学生自始至终浸润在传统文化的氛围中，孩子们在教师的引领下学会以新的眼光，自觉地、主动地感受着母语文化、母语人文情怀、母语的审美特点，民族文化的精粹深深地印入学生的脑海中。丰富多彩的对联，为学生语文学习打开了一扇清新自然、色彩斑斓的窗子。

漫谈中国节[*]

【研究内容】

中国的节日文化是一份珍贵的民族文化遗产，作为一个炎黄子孙，我们应该让学生去了解、继承、发扬民族的优秀传统文化。通过中国节我们了解了很多的传统节日，包括它们的来历、活动、饮食、趣闻等，丰富了对传统文化的认知。

【教学目标】

1. 通过对重点中国节的研究，激发学生对中国文化的兴趣，促进学生对

---

[*] 该案例及教学反思的作者为肖保伶。

中国文化的探究。

2.通过学习、查阅资料、走访等形式，了解几个主要中国节的起源、风俗、变迁、节日食品等，培养学生收集信息、处理信息的能力，并能整合为自我表达。

3.能够运用资料，恰当地提出问题，和同伴互动交流。

【教学重点】

通过对中国节的研究，激发学生对中国文化的兴趣。

【教学难点】

围绕学习内容查阅资料，恰当地提出问题，和同伴互动交流。

【教学准备】

1.学生分小组走访亲友，到图书馆或上网收集有关中国节的知识，如节日与诗、节日与名人、民俗的演变、节日食品等。

2.撰写本小组汇报的脚本。

【教学过程】

第一模块：认识中国节。学生利用课余时间走访亲友，查阅图书，浏览网页，了解中国有哪些传统的节日。

设计目的：人类已经步入了一个前所未有的科技时代，全世界正在缩小为一个小小的"地球村"，我们的文化也正越来越多地遭到外来文化的冲击甚至是掠夺。弘扬传统文化的前提是学生了解并热爱自己祖国的文化。节日文化是中华民族文化的重要组成部分，因此，我把了解节日文化作为一个突破口，目的是让学生在亲人、朋友的娓娓道来中，在传统和现代传媒的帮助下，感受到中国节独特的魅力，从而热爱祖国的传统文化并愿意继续传承下去。

第二模块：根据学生的兴趣，自由组成几个小组，组员在组长的带领下，分工合作，搜集本组重点了解的中国节的有关资料。内容包括这个节日的由来、风俗、演变历史、文献、诗歌、谚语、散文、对联、名人趣事、照片，等等。

设计目的：学生根据自己感兴趣的节日寻找资料，乐在其中。更重要的是，他们在寻找资料的过程中，进一步深入了解了一个节日的来龙去脉，从而对这个节日，对祖国的传统文化产生前所未有的了解和热爱。这比任何的说教都有说服力。同时也锻炼了学生搜集、整理资料的能力。

第三模块：组内对资料进行筛选、整理、归纳。留下最经典的和最精华的，组内讨论确定与全班同学分享的方式。

设计目的：锻炼学生对资料的辨别、整理、分类能力，同时，这些留下来的资料怎样进行整合并呈现给全班同学，是对团队精神的一种考验。

第四模块：汇报。

设计目的：激发学生对中国节的热爱、对中国传统文化的热爱，锻炼学生口语表达的能力。

【第四模块过程】

一、导入

教师：同学们，中国文化博大精深，长久以来，中国文化都以另一种独特的形式存在于另一种文化之中，那就是中国节。今天就让我们走进中国节，来管中窥豹。（PPT题目：漫谈中国节）

课外，我们一起走访了亲友，翻阅了书籍，登录了网站，对中国节有了初步的了解。那么现在我们用导学卷检验一下我们对中国节的了解有多少。（PPT导学卷）

（关于清明节、端午节、春节、中秋节、元宵节、重阳节的诗句）

请把下面的诗句与描写的中国节连起来，并画出关键的词语。

爆竹声中一岁除，春风送暖入屠苏。	元宵节
梨花风起正清明，游子寻春半出城。	端午节
汨水滔滔千里奔，粽香阵阵百家闻。	清明节
千门开锁万灯明，正月中旬动帝京。	春 节
海上生明月，天涯共此时。	重阳节
遥知兄弟登高处，遍插茱萸少一人。	中秋节

出示正确的答案。

根据大家的兴趣，我们择取了其中四个重要节日分组来深入研究探讨。今天，就让我们利用这难得的机会做一个分享。

中秋节刚过，我们就从中秋节这一组开始吧！

【设计意图：通过导学卷，让学生全员参与，激发兴趣，了解学生对中国节日基本情况的熟悉度。】

二、分组分享

1. 中秋节

主持人：据史籍记载，古代有春天祭日、秋天祭月的礼制。你们知道"中秋"一词最早出现在哪本书中吗？（选择：1.《周易》2.《周礼》3.《春秋》）

主持人：什么时候中秋节才成为固定的节日？（唐朝初年）

主持人：中秋节盛行于哪个朝代？（宋朝）

出示：农历八月十五恰逢三秋之半，故名"中秋节"，又有祈求团圆和相关节俗活动，故亦称"团圆节"。中秋节的主要活动都是围绕"月"进行。

在中秋节，我国自古就有赏月的习俗。（习俗）

主持人：当然，每个朝代赏月的习俗还是有所不同的。

你们知道周代每逢中秋夜，都要举行的仪式是什么吗？（迎寒和祭月）

人们设大香案，摆上月饼、西瓜等食物，西瓜还要切成莲花状。

主持人：宋代，中秋赏月之风更盛。每到这一日，京城的店家、酒楼可忙了，他们都做些什么呢？（都要重新装饰门面，牌楼上扎绸挂彩，出售新鲜佳果和精制食品，夜市热闹非凡，百姓们登上楼台亭阁赏月叙谈。）

主持人：明清以后，中秋节赏月风俗依旧，许多地方形成了烧斗香、树中秋、点塔灯、放天灯、走月亮、舞火龙等特殊风俗。

主持人：说到中秋，就不能不提到月饼。它是中秋的时令食品。秋天正是各种水果、干果、蔬菜丰收的季节，在月饼里放上当季的花生、瓜子、莲子、核桃、大枣、栗子，既好吃又养生。再加上它象征团圆的外形，自诞生之日起便成为人们寄托思念故乡，祈盼丰收、幸福，送亲赠友，联络感情的最佳食品。（食品）

主持人：古人认为月的"圆"寓意美满，因此对满月情有独钟。各朝各代都留下了很多诗歌。下面我们给大家四首诗，请你品一品，圆月寄托了人们的哪些情感？

(1)《竹里馆》(王维)

歌颂明月的美丽无瑕。月亮给人的美感，是高远、柔和、清幽、纯净的。月亮意象的出现，使得全诗的意境立刻变得优美起来。

（2）《月夜忆舍弟》（杜甫）

借月亮寄托了自己对家乡、对亲人的思念。

（3）《生查子》（欧阳修）

借月亮寄托了自己对纯洁爱情的向往。

（4）《枫桥夜泊》（张继）

象征着伤情愁绪。

今天，中秋文化已经不单是中华民族特有的文化。你们知道哪些国家也和我们一样过中秋节吗？（日本、韩国、越南、马来西亚、斯里兰卡等国家）他们也有相应的纪念活动。可见，对美好事物的向往是全世界人民的共同追求。

【设计意图：通过历史、风俗、诗词了解中秋节的文化。】

2. 春节

主持人：转眼就到了春节。春节是中国最大的节日，也是对全世界影响最大的节日。

春节是中华民族传统文化的重要载体，蕴含着中华民族文化的智慧和结晶，春节的习俗有很多，谁知道有哪些？（扫尘、守岁、拜年、贴春联、燃爆竹等）

老舍先生在他的《北京的春节》中深情地回忆了老北京过春节的情形。请大家自己读一读，然后在文中画一画，老北京过春节都有哪些风俗？

除夕真热闹。家家赶做年菜，到处是酒肉的香味。男女老少都穿起新衣，门外贴上了红红的对联，屋里贴好了各色的年画。除夕夜家家灯火通宵（xiāo），不许间断，鞭炮声日夜不绝。在外边做事的人，除非万不得已，必定赶回家来吃团圆饭。这一夜，除了很小的孩子，没有什么人睡觉，都要守岁。正月初一的光景与除夕截然不同：铺户都上着板子，门前堆着昨夜燃放的爆竹纸皮，全城都在休息。男人们午前到亲戚家、朋友家拜年。女人们在家中接待客人。城内城外许多寺院举办庙会，小贩（fàn）们在庙外摆摊卖茶、食品和各种玩具。

小孩子们特别爱逛庙会，为的是有机会到城外看看野景，可以骑毛驴（lú），还能买到那些新年特有的玩具。庙会上有赛马的，还有赛骆驼的。这些比赛并不为争谁第一谁第二，而是在观众面前表演马、骆驼与骑者的美好姿态与娴（xián）熟技能。多数铺户在正月初六开张，不过并不很忙，铺中的伙计们还可以轮流去逛庙会、逛天桥和听戏。

问题：

(1)老舍先生在文中向我们介绍了哪些老北京过春节的习俗？

(准备年夜饭、贴对联、贴年画、放爆竹、吃团圆饭、守岁、拜年、逛庙会。)

(2)你想用哪个词语形容文中的情形？

(辞旧迎新、欢乐祥和、团圆幸福、合家欢乐、普天同庆。)

我们自己家里过春节有哪些变化呢？我们组派出调查员采访了家人。下面我们请三位调查员报告他们的调查结果。

生1：我爷爷今年七十多岁了。他小时候过年……

生2：我妈妈小时候过年，穿新衣是最大的心愿。……

生3：穿新衣、吃美味的饭菜对我来说已经没有吸引力了，它们是生活中再普通、再自然不过的事情。现在过年，……

主持人：时代在发展，我们过年的方式也在悄然发生着变化。这些变化不正是我们祖国飞速发展的一个缩影吗？

【设计意图：将风俗与自己的生活联系起来，亲近中国的节日。】

3. 清明节

春节过后，万物复苏，清明既是二十四节气之一，又是一个非常重要的传统节日。

《清明》这首诗大家都耳熟能详，是描写清明的千古绝句。我们一起来背一背吧。

清明是一个缅怀逝去的亲人的节日。中国人比较注重亲情，家族观念比较强。在清明这一天，要全家出动，寄托自己对逝去亲人的哀思。清明前一天是寒食节，是为了纪念有功不居、不图富贵的介子推，于是，文学史上就留下了许多脍炙人口的诗句。我来给大家读一读这首：

途中寒食

（唐）宋之问

马上逢寒食，途中属暮春。

可怜江浦望，不见洛桥人。

北极怀明主，南溟作逐臣。

故园肠断处，日夜柳条新。

就在今年的清明节，我们班在家委会的带领下，走进抗日战争纪念馆，缅怀烈士，抚摸历史，感受国魂（照片），又参观了卢沟桥。在历史文物前，想到卢沟桥事变和侵略战争，不禁对革命先烈们更加敬重。

主持人：除了刚才我们提到的祭扫外，还有一个重要的活动，你能说说是什么吗？（踏青）这又是为什么呢？

春天，万物复苏，蛰伏了一个冬天的人们又要开始一年的辛苦劳作。趁着这大好春光，大家都要出来踏青、赏花，连那些平时大门不出，二门不迈的小姐们，也都可以放心大胆地走出家门，不必担心别人的异样眼光。在青山绿水中，在鸟语花香的环境里，人们赏花、折柳、荡秋千，热情地享受大自然赐予人类的宝贵财富。

【设计意图：通过诗句、社会实践和生活感知，体会清明节的意义。】

4. 端午节

主持人：大家好！我先给大家出个谜语，猜一种食品。

三角四楞长，

珍珠里面藏。

想尝珍珠味，

解带剥衣裳。（打一食物）（谜底：粽子）

（1）粽子是端午节的时令食品，也是最具有中华饮食文化特色的食品之一。你们知道它有多少年的历史了吗？（两千多年了。）它又是为了纪念谁？（民间流传最广的是为了纪念伟大的爱国主义诗人屈原。）（《舌尖上的中国》视频）（PPT展示端午节来历）

今天，端午已成为一个传统节日，而我们仍在用包粽子、吃粽子的形式纪念这位伟大的爱国英雄。所以，可以说端午文化是中国人对英雄主义的一种崇拜。

（2）端午节插艾蒿、饮雄黄是少不了的。因为盛夏即将来临，人体内热，外面也热，而且多数地区夏天比较潮湿，这更加重了体内热毒的积攒，而艾蒿和雄黄则很好地预防和解决了这个问题。据李时珍在《本草纲目》中的记载，艾以叶入药，性温、味苦、无毒、纯阳之性、通十二经，具回阳、理气血、逐湿寒、止血安胎等功效，亦常用于针灸。现代实验研究证明，艾叶具有抗菌、抗病毒作用，还能平喘、镇咳及祛痰、止血、抗凝血、抗过敏，同时还能护肝利胆。

雄黄酒还有解毒驱蛇的奇效。端午节时，气候温和，正是各种昆虫和蛇类繁殖、活动猖獗的时候，而小孩子又喜欢漫山遍野地乱跑，如果在他们身上抹点雄黄，蛇一闻到雄黄的气味就会自动逃跑，这样就避免了被蛇咬伤的危险。

这样的医药文化距今已经六七百年的历史了，即使是用今天发达的科技来验证，也是非常科学的。

（3）端午节还有一个重要的习俗就是赛龙舟。（赛龙舟图片）谁能用一个词语形容这个场面？（百舸争流、热火朝天、你追我赶等。）在赛龙舟时，每个队员都使出自己最大的力气，按照本队的节奏奋力向前。龙舟赛取得胜利的关键不是某一个人的出色发挥，而是整个团队的协作和配合。赛龙舟已经有两千多年的历史了。古人很早以前就意识到团队精神对一个集体取得胜利的重要意义了。这和我们现代社会企业管理中强调的要有团队精神、合作精神、竞争意识，不谋而合。古人真是了不起啊！

主持人：所以，我们组决定，在端午节来临之际，亲手包一个粽子，度过一个不一样的端午节。到时候，欢迎大家到我们组吃粽子！

【设计意图：通过对习俗的了解，体会节日背后的文化精神。】

三、总结提升

感谢几位同学的精彩汇报。节日的起源和发展是一个逐渐形成，潜移默化地完善，慢慢渗入到社会生活的过程。节日文化深深地影响着我们的生活，在今后的学习和生活中，我们将进一步探究。

【教学反思】

节日声中拓思路

语文拓展课《漫谈中国节》在轻松快乐的气氛中结束了，孩子们还沉浸其中。反思这节课，收获很多，遗憾也不少。在这里，我如实地列举。

收获一：

"语文拓展课"拓展了我的思路。以前对拓展课总有"雾里看花"的感觉，因为它和传统的语文课差别实在是太大了，信息量大，对学生的要求高，学生就一个话题提前准备的材料多，课上收获的更多。一节课上下来，作为听课老师的我，常常感觉自己不是在听一节语文课，而是在看一个电视专题节目！

做这节课之前，经过周校长耐心、细致地指导，我对拓展课有了更深的了解：这是一种培养学生全面语文素养和能力的综合课，它的形式是多样的、开放的，不必拘泥。有了这个认识，我再备课，压力就没有那么大了，同时也敢于把以前语文课上从未使用过的形式拿来使用。

收获二：

充分调动了学生的积极性。学生就自己感兴趣的话题，自行组成四个小组，他们想尽一切办法搜集材料，有的甚至到首都博物馆去拍摄老北京过年、娶亲等的场景，虽然很辛苦，但他们乐此不疲！我想，这种探索才是他们最难忘的学习！

收获三：

对学生搜集、整理、处理、整合信息的能力是个非常好的锻炼和提高。每个小组的 10 位同学，都要动起来，查阅图书、登录网站、走访亲友，搜集到的材料不计其数，怎样才能把这些材料展示给大家？用什么样的形式？这对第一次上这种课的学生来讲是个挑战。但他们出色地完成了这节课的汇报，不能不说，他们的能力在准备这节课的过程中得到了很好的提升。

收获四：

课堂是学生的另一个舞台。站在讲台上的小主持人，把控着一节课的节奏，他们的眼睛要敏锐地捕捉到下面同学的反馈，大脑要迅速作出判断和决定，然后带领大家走向下一个环节。这一切，不要说对一个小学生，就是对一个资深的主持人来说，也不是一件容易的事。当看到学生们大大方方地站在讲台上，有模有样地主持时，我心中充满了欣慰。我想，这时候的课堂就是一个舞台，演员们尽情地展示他们的风采。这些经历，将成为他们的宝贵财富，将鼓舞他们在人生的舞台上舞出更加精彩的自己！

沾沾自喜之外，还不免有一些遗憾。

遗憾一：

教师的主导作用在本课中体现不足。一节课，没有了教师的主导作用，全部交给学生去"信马由缰"，教学内容难免有失偏颇。

遗憾二：

课上探究的时间略少。虽然学生在课下对自己组的内容研究得已经很充分了，但对其他三个组的内容涉及不多。这堂课应使全体同学都有较为明显的提高，因此，如果能再设计一些导学卷内容或者相关的练习，或是出示稍多一些的文字、视频资料，加深学生们对某一个中国节的了解，效果会更好。

遗憾三：

学生动笔写得太少了。语文拓展课也是语文课，虽然形式和传统的语文课有着不小的差别，但万变不离其宗，写作能力的培养还是很重要的，但在这节课中体现得不明显。

由于时间关系，我们没有办法把博大精深的中国文化在这四十分钟内全部挖掘和展示出来。这节课结束了，恰恰是新的探究的开始。学生们会带着在这节课上的收获，满怀自信地踏上新的探索之旅！

【附件】

《漫谈中国节》导学卷

请把下面的诗句与描写的中国节连起来。

爆竹声中一岁除，春风送暖入屠苏。	元宵节
梨花风起正清明，游子寻春半出城。	端午节
汨水滔滔千里奔，粽香阵阵百家闻。	清明节
千门开锁万灯明，正月中旬动帝京。	春　节
海上生明月，天涯共此时。	重阳节
遥知兄弟登高处，遍插茱萸少一人。	中秋节

水的世界 *

【研究内容】

北师大版教材第九册第5单元——水。

本单元编排了四篇课文，三篇主体课文——《生命与水》《古诗二首》《一个苹果》，一篇拓展阅读《雨港基隆》。

水是人类生命的源泉，拓展本单元的学习内容，能够使学生在活动中感受水的魅力，认识水的重要。

---

* 该案例及教学反思的作者为孙秋生。

【教学目标】

1. 通过自主、合作、探究的学习方式，走进水的世界。

2. 通过本次活动，增强学生搜集信息、处理信息的能力，能将课内知识和课外知识进行有机地整合。

3. 引导学生从实践中感受"水"这一单元主题，加深对水的认识，理性地对待水；引导学生了解水的文化意味，体会水文化。

【教学重点】

通过本次活动，增强学生搜集信息、处理信息的能力，能将课内知识和课外知识进行有机地整合。

【教学难点】

引导学生从实践中感受"水"这一单元主题，加深对水的认识，理性地对待水；了解水的文化意味，体会水文化。

【教学准备】

观看关于水的纪录片，收集与水有关的诗、词、格言、文章等，积累并练习背诵；收集关于治理水、北京水资源探究的资料。

【教学过程】

一、创设情境，明水重要

1. 出示干旱图片，你有什么感受？可以用哪些词来形容？在导学卷上写出词的关键字即可，看你能写出几个，说明这里缺什么？

2. 出示文章《生命与水》片段。

水是生命的摇篮，是人体进行新陈代谢的大功臣，是人体这部机器不能缺少的润滑剂，是调节体温的散热器，是护卫身体的防护兵。

这段话中将水比喻成什么？运用了多少个比喻？用这么多比喻，说明什么？（水对生命的重要。）在导学卷上写出来。

【设计意图：通过导学卷这种方式，让全体学生参与，并反馈修改，注意参与的深度。】

二、积累运用，词句赞美

1. 体会生活中水的美好：出示学生旅游图片，你想用哪些词和句来形容它？（含有水的词句。）

2. 体会诗文中水的特点：诗歌与水的不同特点内容连线。

（1）你觉得这些诗歌分别描绘了哪些有关水的景象？试着连线，并准确地朗诵相关的诗句。

《望天门山》　　　　　　　　　绵绵春雨的水

《六月二十七日望湖楼醉书》　　涓涓细流的水

《浙江之潮》（周密）　　　　　　千回百转的水

《望庐山瀑布》　　　　　　　　飞流直下的水

《春晓》　　　　　　　　　　　疾风骤雨的水

《小池》　　　　　　　　　　　波澜壮阔的水

（2）四人一组交流。小组展示，反馈，修改。

（3）教师小结：通过连线练习和朗诵，你体会到什么？（水的多彩，自然的神奇，观察的细致，语言的魅力。）

【设计意图：通过个人自学和小组交流，让全体学生参与，并通过展示、反馈、提问，注意参与的深度。】

总结：同学们从内容上感受到水在滋润万物，丰富和美化我们的生活，从语言形式感受到诗文中水的刚柔相济的美。

（4）（出示洪水泛滥的图片）这种水的景象，同学们又想用哪些词来形容呢？在导学卷上写出词的关键字即可，看你能写出几个，现在水又给同学们怎样的印象呢？

【设计意图：通过导学卷这种方式，让全体学生参与；通过问题，引发深度思考，让学生不仅在前面感知水的美好，还要在此处感知水的危害，让学生从多角度了解水的特点，逐步形成辩证思维方式。】

总结：水的好处不少，危害也不小，那我们人类就想想办法来利用水，利用它的好转化它的危害，造福人民，这就不能不提到——治水。

三、结合历史，了解水利

自古以来，我国有很多治水名人以及水利工程：大禹治水、西门豹治邺、郑国渠、都江堰、京杭大运河，等等，今天就讲其中的两个。

1. 大禹治水

朗诵诗歌，回答问题。

（1）禹的父亲是谁？

A. 尧   B. 舜   C. 鲧

（2）禹治水用了多长时间？

A. 3 年   B. 9 年   C. 13 年

（3）大禹为了治水把当时的中国分为几个州？

A. 四州   B. 九州   C. 七州

（4）为了治水，大禹几过家门而不入？

A. 一过   B. 两过   C. 三过

（5）大禹治水为什么能够成功？

（变堵为疏，划分九州，奉献精神。）

大禹治水（诗歌）

生 1：洪水泛滥

      浊流横溢

      九年治水

      无果而终

      鲧的颈血

      喷溅在湿漉漉的沼泽……

生 2：你继承父业

      挺身而出

      总结教训

      为了更好地治水

      你划分九州

      变堵为疏

      效果显著

      栉风沐雨

      饱受辛苦

生 3：三过家门而不入

      面对肆虐的洪流

      心想威严的使命

你义无反顾

你的奉献精神

被永记千秋

治理四海

九州太平

可时光如同流水

你已经奉献了 13 个春秋

【设计意图：通过读、听、思、写的融合，让全体学生参与，并反馈修改，注意参与的深度。】

2. 都江堰工程

（1）朗诵文章片段，回答问题。

当代著名文化学者余秋雨先生也曾经在《文化苦旅》中赞美过都江堰，现节选部分内容给大家朗诵欣赏，然后试答下面的问题。（出示投影）

就在秦始皇下令修长城的数十年前，四川平原上已经完成了一个了不起的工程。它的规模从表面上看远不如长城宏大，却注定要稳稳当当地造福千年。如果说长城占据了辽阔的空间，那么，它却实实在在地占据了邈远的时间。长城的社会功用早已废弛，而它至今还在为无数民众输送汩汩清流，有了它，旱涝无常的四川平原成了天府之国，每当我们民族有了重大灾难，天府之国总是沉着地提供庇护和濡养。因此，可以毫不夸张地说，它永久性地灌溉了中华民族。秦始皇筑长城的指令，雄壮、蛮吓、残忍；他筑坝的命令，智慧、仁慈、透明。

结合你查阅的资料，回答问题。

A. 现在的四川平原有"＿＿＿＿＿＿＿"的美誉。

B."四川平原上已经完成了一个了不起的工程"指的是＿＿＿＿水利工程。

C. 在"他筑坝的命令，智慧、仁慈、透明"中，"他"指的是＿＿＿＿。

D. 请你说说都江堰的作用有哪些。

【设计意图：通过导学卷这种方式，引导全体学生结合查阅的资料参与，并引发进一步探究的欲望，导入下一个环节。】

（2）观看纪录片，探究问题。

通常认为，都江堰水利工程是由秦国蜀郡太守李冰及其子率众于公元前 256 年左右修建的，是以无坝引水为特征的宏大水利工程，它科学地解决了江水自动分流、自动排沙、控制进水流量等问题，消除了水患，使川西平原成为"水旱从人"的"天府之国"。两千多年来，一直发挥着防洪灌溉作用。

听了介绍，同学们还想知道什么？看视频，谈感受，体会巧妙之处。

（3）教师总结。

都江堰是中国建设于古代并使用至今的大型水利工程，被誉为"世界水利文化的鼻祖"，又被称为"活的水利博物馆"。李冰被后人称为"川主大帝"。有"二王庙"，每年的清明时节，当地人去拜祭，成为习俗。

（追问：小卷还有不会的吗？）并鼓励学生课下读一读这篇文章的全文。

3. 现代水利工程

（1）学生简要介绍三峡工程、南水北调工程。

（2）提出一些感兴趣的问题，请参与此项活动的专家进行解答。

A. 长江三峡大坝的修建对下游的生态环境影响大吗？

B. 地震能把长江三峡大坝震塌吗？

C. 都江堰采用了自动排沙的方法巧妙排沙，那长江三峡大坝是怎样排沙呢？

D. 南水北调工程有很多管道埋在地下，时间长了，是怎样检查和清除泥沙的呢？

（3）总结：四大文明古国无不伴水而生，古埃及的尼罗河流域、古巴比伦的两河流域、古印度的恒河流域、中国的长江与黄河，文明的发展和人类利用智慧去治水是密不可分的。

【设计意图：通过资料查阅的简要展示和视频资料的播出，引发新的思考，引入专家回答，扩大语文学习天地，激发学生探究欲望。】

四、水的意蕴，文化延伸

在我们探索水的过程中，还发现它富有更深的情意。在诗人的眼里有时会是一份对家人、友人的思念，一份对时间流逝的感慨。

1. 出示诗句，体会不同诗句中水表达的情意

哪些是表达朋友的情意？哪些是感叹时间的流逝？请你动情地表达。

（1）《赠汪伦》（友情）

（2）《送孟浩然之广陵》（友情）

（3）百川东到海，何时复西归？（珍惜时间）

（4）蒹葭苍苍，白露为霜。所谓伊人，在水一方。（思念朋友或爱人）

(5)滚滚长江东逝水,浪花淘尽英雄。是非成败转头空。青山依旧在,几度夕阳红。(感叹时间的流逝)

2. 出示宋词,体会不同风格的词中水的刚柔

即使同样的江水,奔腾东去,但由于人物的境遇不同、阅历不同,所写出的文章风格也不相同,请同学们欣赏两首具有代表性的宋词。(可问学生哪两种风格)

虞美人

李煜

春花秋月何时了,往事知多少。小楼昨夜又东风,故国不堪回首月明中。

雕阑玉砌应犹在,只是朱颜改。问君能有几多愁,恰似一江春水向东流。

念奴娇·赤壁怀古

苏轼

大江东去,浪淘尽,千古风流人物。故垒西边,人道是,三国周郎赤壁。乱石穿空,惊涛拍岸,卷起千堆雪。江山如画,一时多少豪杰!

遥想公瑾当年,小乔初嫁了,雄姿英发。羽扇纶巾,谈笑间,强虏灰飞烟灭。故国神游,多情应笑我,早生华发。人生如梦,一樽还酹江月。

3. 出示格言,体会水的格言中蕴含的人生道理

在我们的生活中,你经常会听到这些有关水的格言,你能说说它们蕴含怎样的人生哲理吗?其他学生可以结合生活以及积累的知识来谈感受。

(1)问渠哪得清如许,惟有源头活水来。

(2)受人滴水之恩,当以涌泉相报。

(3)学如逆水行舟,不进则退。

(4)海纳百川,有容乃大。

(5)君子之交淡如水。

(6)不积跬步,无以至千里;不积小流,无以成江海。

希望同学们在生活中牢记这些启迪你人生的格言。

【设计意图:通过诗句、宋词、格言等语言形式,引导学生将所学的知识进行归类和提升,同时引导学生由自然界的水进入文化层面的水,感知文化层面水表达的情意和人生哲理。】

五、总结拓展

1. 总结

通过今天的专题性学习活动，我们对水有了更进一步的了解，知道它哺育了世界万物，领悟了人类在利用水资源的过程中也充满了智慧，让我们的文化更加灿烂。随着你们年龄的增长，知识不断丰富，你们对水所描绘出的人生哲理体会更深。

2. 拓展作业

（1）结合北京的地名了解北京过去的水资源状况。

A. 查阅和水有关的地名，如：洼、沟、桥、潭等。

B. 参观有关自来水的博物馆，通过记录、拍摄、观察等手段了解北京的水资源状况。

C. 了解一下现在北京供水的途径以及北京的河流、水系等。

（2）收集有关水的成语或者歇后语，了解它们的意思。

【设计意图：通过拓展性作业，引导学生扩大语文学习天地，走进社会，走进博物馆，生动活泼学语文，培养主动探究问题、解决问题的意识。】

【板书设计】

水的世界

水美	享受		水	抒情
水患	治理		水	寓理

【教学反思】

《水的世界》语文专题性学习活动课教学反思

一、备课中的思考

在北师大版小学语文教材中，每册教材都有关于"水"的内容的文本，学生能够通过对"水"有关文章的学习，对水有了更多认识，但由于学生在每个学段的年龄不同，教学要求不同，对水的认识不同，而且每个学段关于水的认知如果不加以梳理的话，在学生的脑海里，在学生的知识体系中也没有建立一个综合的、完整的、相互联系的有关"水"的全面、透彻的认识。如果乍一问起有关学生对于水的认识，很多学生的回答就是：水是很珍贵的资源，我们要节约用水。

对于一个具有五千多年文明的中国，在长江、黄河这两条母亲河哺育下成长的华夏子孙来说，只认识到这一点是远远不够的。让我们先看看北师大版教材中有关"水"这个题材的文章到底有多少？我粗略地进行了统计，发现这一内容在每一册书都或多或少地存在。简要作了分析，包含了以下几个方面：

1. 介绍或赞美自然界的水。

2. 利用自然界的水。

3. 用水来表达情感或者道理。

4. 关于水的成语、谚语以及格言的知识积累与运用。

5. 有关水的民俗、传说故事。

6. 对于有关水中动物的介绍、保护。

虽然教材中每册书都涉及有关水的知识、文化，但缺乏内在的系统，怎样才能让学生对"水"有一个较为清晰的、灵动的认识和体验呢？

我开始了有关"水"的专题性活动课的思考。起初我的思路和语文第9册教材5单元的思路是一致的，即：了解水—亲近水—赞美水—珍惜水。

我还想通过一些北京的地名的研究，探索北京在过去是否是水资源丰沛的城市，从而达到赞美水和珍惜水的目的。但这样做的目的过于单一，不能让所有的学生参与进去，只有一小部分学生对北京的一些地方进行实际考察，路途远或者周六日有其他安排的学生则不能够进行此项活动。教学资源单一，不能适合每一位学生。我想语文专题性活动课要体现以下三方面的特点：

1. 在知识与能力上，要体现语文学科的思维与表达的融合，语文知识与生活的融合。

2. 在活动组织上，要人人乐于参与，参与中深度体验，多重思考中提升。

3. 在资源组织上，需要内容聚焦，环节简约，富有空间，保证学生个性化发展。

二、上课后的反思

1. 参与要全面

为了使学生能够全员参与，各尽所长，我们根据教材的特点把学生分为不同的实践活动小组。

第 1 组：

自己在生活中都去过哪些有关水的景点？可以把有关照片拿来，说一说，体现水的不同特点，从而展现自己对水的喜爱之情，展现祖国山河的美丽。（如：大海、江南小镇、九寨沟、瀑布等。）学生们积极性很高，纷纷把自己的照片拿来，向同学们展示，在这项活动中，学生不仅领略到水的魅力，在展示的同时也锻炼了语言组织能力、表达能力，甚至有的学生还查阅古诗词来引经据典地表达。

第 2 组：

查找有关水的成语、谚语、格言，体会水在汉语中的作用，以及古人的观察与发现，体会古人的智慧。有的学生把谚语、成语做成谜语或者图片的形式让同学们猜；为了查找格言，有的同学翻阅了大量的书籍或者上网查阅大量的资料，他们还请教老师、家长来领会这些格言的含义；有的学生还把有关水的格言做成书签来展示他们的奇思妙想，在此过程中又了解了很多名家名作。

第 3 组：

查找有关水的诗歌、文章，体会诗歌表达的不同情感、道理或者品质。学生在搜集、整理、归纳总结中，发现古人有时用水表示思念之情，有时表达朋友之间的友情，有时又表达时间的流逝，有时还表达人的一些美好的品德。孩子们通过探索发现，不断地进行交流、切磋，碰撞出很多思想的火花，体会到语文专题学习活动的快乐。

第 4 组：

考查北京地区地名，探究北京的水资源，查找有关中国水利工程的资料。这个小组不但自己动起来，还发动家长和他们一起查资料，走访，拍摄。在研究中国水利工程时，把我国的治水历史、不同时期的著名水利工程、名人都要研究一番，涉及地理、气候、力学、建筑、诗文、生态平衡等多方面知识。为了不让自己的组出现纰漏，该组的胡睿宸同学还把他的母亲（在国务院三峡办规划司工作）请到学校，为同学们答疑解惑，巧妙地利用了家长资源。

2. 参与要有深度

在学生参与专题学习活动中，发现有些话题不容易深入展开，出现了以下几个问题。

（1）学生觉得太简单的语文专题活动

这样的活动虽然看着热闹，参与的人很多，但由于学生司空见惯、耳熟能详，所以对此类学习活动提不起兴趣。比如关于水的成语、谚语、歇后语的整理、展示，学生不能够进行深度思考，一看就会或者是不学就会的知识，在语文专题活动中需要精简下去。

(2)学生觉得太难太偏的语文专题活动

这样的活动由于学生所储备的知识不够，虽然能够找到相关资料，但由于没有和此类知识相关的历史、地理、气候等相关知识，往往只是照本宣科的空谈。比如：在谈到水利工程时，有些学生不了解在修建郑国渠时的"疲秦"策略。这样的内容学生学也学不会，应当舍弃。

(3)学生觉得面太窄的语文专题活动

老师布置给学生的学习活动任务要给学生留有广阔的施展空间，发现多元的结论，展现学生不同的见解，不能够在几个学生探究之后，觉得没有什么内容可供讨论。过于单一、太窄的活动面会让学生丧失探究的兴趣，那些实践与不实践没什么两样的活动，也不如不布置，比如：除了《捞铁牛》，古人还有哪些巧妙地利用水的浮力的故事？（学生只知道《曹冲称象》）像这样的活动也需要优化下去。

3. 学生感兴趣

在语文实践活动中，选择那些学生感兴趣的话题，他们带着自己的探究结果来，在和同学们交流以及老师导学卷的引导下，对很多话题除了能学到自己意料之外的知识外，还产生了新的问题，课下还想进行进一步的研究、探讨，那这样的活动就选对了。否则教师就要进行深入思考，看看教学内容是否进行优化，所布置的内容学生是否有兴趣。

在本次活动中，经过问卷调查我发现，很多学生喜欢其中所学的内容，他们喜欢在活动中交流自己的想法。如：

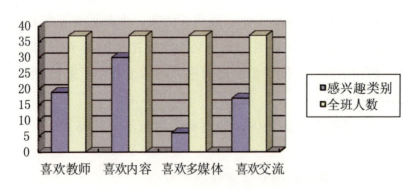

从上面的图表可以看出对所学习内容感兴趣的人很多。

在你对哪一点感到满意的调查中，我们发现：

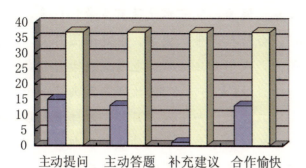

从此表可以看出学生喜欢合作、探究地学习，而且很多学生愿意在格言的意义、关于水的文化、水利工程的特点和作用方面进一步进行探讨。

很多学生在活动课后写出了对"水"的认识，较之以前有了更加全面深刻的见解，激发了学生学习语文的兴趣，如：

我眼中的水是欢快的，清凉的。"小桥流水人家。"我去过扬州，那里的水别具一格。两排春柳长在小河旁边，把河水映成了黄绿的颜色。小船在水中飘荡，我站在船上，把手伸到水里，感觉水是清凉的。

老师讲到君子之交淡如水时，让我知道，人与人之间交往不要为了一些小恩小惠，要像水一样纯洁。"人生贵相知，何必金与钱？"

水也可以造福人类，我国的都江堰既可以防洪，又可以灌溉，它可以自动分流，让泥沙流出去，让清水流进农田，做到了无坝引水，一举三得。

这就是我心中的水。

——孙程午

我眼中的水是美丽的，我眼中的水是智慧的。它创造了千岛湖，让人和大自然彼此和谐，也让我更加了解大禹是怎样治水的。大禹的父亲鲧，治水那么多年都没有消除水患。大禹为了治水把当时中国划分了九州，为了治水大禹三过家门而不入，我知道了大禹之所以能成功，是因为他勇于奉献，变堵为疏，划分九州。

我们还看了一些同学的照片，有的是小桥流水人家，有的张开双手拥抱大自然。通过这次课，我觉得我们应该珍惜水，让我们的子孙后代有水喝，让那些旱地变成水田。

——张名雅

今天我们上了一节生动有趣的专题性学习课。孙老师讲得非常精彩，同学们表达自己对水的了解也特别积极，我也参与其中。

这节课讲的就是各种各样的水，有海水、河水、湖水等。水对人们非常重要，我们每个人都离不开水。因为，没有水就没有生命！但是，大自然中的水，有时候却"很不听话"，会给人们带来灾害。在观看图片时，我看到洪水把人们居住的房子一扫而光，人们无法生活。也看到在古时候，人们就开始与洪水抗争。相信大家都听说过《大禹治水》的故事，大禹是一个非常有毅力的人，为了治水，十三年中三过家门而不入。另外，都江堰大坝让我很佩服古时候的人们，他们用自己的聪明才智建成飞沙堰和宝瓶口，不但有自动排沙的功能，还能让河水不再到处泛滥，真是造福子孙后代。

这节课不但让我了解了很多关于水的知识，也让我记住了很多关于水的格言：海纳百川，有容乃大；学如逆水行舟，不进则退；时间如流水，一去不复还，等等。还让我明白了珍惜时间、努力学习的道理。

——陈明翀

【附件】

《水的世界》导学卷

1. 出示干旱图片，你可以用哪些词来形容？写出词的关键字即可，你能写出几个？说明这里缺什么？

2. 试着连线，并准确地朗诵相关的句子。

《望天门山》	绵绵春雨的水
《六月二十七日望湖楼醉书》	涓涓细流的水
《浙江之潮》（周密）	千回百转的水
《望庐山瀑布》	飞流直下的水
《春晓》	疾风骤雨的水
《小池》	波澜壮阔的水

3. 出示洪水泛滥的图片，你用哪些词来形容呢？写出词的关键字即可，你能写出几个？现在水又给你怎样的印象呢？

4. 倾听诗歌朗诵《大禹治水》，回答问题。

(1)禹的父亲是谁？

A. 尧　　　　　B. 舜　　　　　C. 鲧

(2)禹治水用了多长时间？

A. 3年　　　　B. 9年　　　　C. 13年

（3）大禹为了治水把当时的中国分为几个州？

A. 四州　　　　　　B. 九州　　　　　　C. 七州

（4）为了治水，大禹几过家门而不入？

A. 一过　　　　　　B. 两过　　　　　　C. 三过

（5）大禹治水为什么能够成功？

5. 阅读片段，结合自己的知识积累，回答问题。

就在秦始皇下令修长城的数十年前，四川平原上已经完成了一个了不起的工程。它的规模从表面上看远不如长城宏大，却注定要稳稳当当地造福千年。如果说长城占据了辽阔的空间，那么，它却实实在在地占据了邈远的时间。长城的社会功用早已废弛，而它至今还在为无数民众输送汩汩清流，有了它，旱涝无常的四川平原成了天府之国，每当我们民族有了重大灾难，天府之国总是沉着地提供庇护和濡养。因此，可以毫不夸张地说，它永久性地灌溉了中华民族。秦始皇筑长城的指令，雄壮、蛮吓、残忍；他筑坝的命令，智慧、仁慈、透明。

结合你查阅的资料，回答问题。

A. 现在的四川平原有"＿＿＿＿＿＿"的美誉。

B. "四川平原上已经完成了一个了不起的工程"指的是＿＿＿＿＿水利工程。

C. 在"他筑坝的命令，智慧、仁慈、透明"中，"他"指的是＿＿＿＿＿。

D. 请你说说都江堰的作用有哪些。

寻踪母亲河[*]

【研究内容】

北师大版语文六年级上册第 3 单元主题"母亲河"。本单元紧紧围绕"母亲河"这一主题，编排的课文以诗词、散文为主，学生通过阅读及各项语文

---

* 该案例及教学反思的作者为贾雪芳。

实践活动，品味语言，可以从不同角度体会母亲河迷人的风采，了解中华文化孕育和发展的历史，激发起热爱母亲河，保护母亲河，热爱家乡，热爱祖国的情感。

【教学目标】

1. 通过自主、合作、探究的学习方式，走近母亲河——黄河。

2. 通过本次活动，增强学生搜集信息、处理信息的能力，能将课内知识和课外知识有机地整合。

3. 引导学生从实践中感受"母亲河"这一单元主题，加深对黄河的认识，引导学生了解黄河对华夏民族的生存意义和精神力量，体会黄河文化；感受黄河的危急现状，激发学生热爱、保护黄河母亲的责任感与使命感；培养学生乐于观察、思考与探究的兴趣，提高学生的口头表达、与人沟通合作等方面的能力，并体验成功的喜悦。

【教学重点】

通过本次活动，增强学生搜集信息、处理信息的能力，能将课内知识和课外知识有机地整合。

【教学难点】

培养学生乐于观察、思考与探究的兴趣，提高学生的口头表达、与人沟通合作等方面的能力，并体验成功的喜悦。

【教学准备】

收集与黄河有关的诗、词、文章、歌曲等，积累并练习背诵；通过不同的形式收集关于黄河文明、治理黄河等的相关资料。

六个小组分别编写小报进行展览评比（各2张）。

【教学过程】

一、开篇

1. 由单元导入

学过了"母亲河"这一单元，我们知道黄河是中华民族的母亲河，经过一个多月的对黄河的深入探究，有的同学还亲自去黄河岸边感受了黄河风采。你能用一句话来说说你对黄河最深的感受吗？

2. 名人眼中的黄河

余光中曾说："华夏子孙对黄河的感情，正如胎记一般地不可磨灭。"

毛泽东每每提到黄河，无不一往情深。1948年，毛泽东曾和周恩来等人乘坐小木舟过黄河，面对滔滔的江水，他心潮澎湃，沉思良久，深深地感叹道："你们可以藐视一切，但是不能藐视黄河。藐视黄河，就是藐视我们这个民族。"

3. 说说你的理解

黄河到底是一条怎样的河？为什么把它比作华夏子孙的胎记，同民族尊严紧紧联系在一起？今天，就让我们漫游黄河，沿河拾珍，从历史溯源、文化遗迹、诗词歌赋、忧患治理几方面去体味一下黄河与我们血脉相通的联系。

二、第一篇章 历史溯源：孕育华夏慈母情

1. 内容：地图（黄河的形状）。黄河流域、黄河的由来、文明的起源、黄河的贡献（以养育为内容，一人结合家乡的变化看民族的繁衍）。

2. 试题互动内容：长度、流经区域、古都、发源地、中华的由来……

3. 问题互动：从我们的介绍中，你感悟到什么？黄河，无私养育了华夏民族（慈母心），让我们发自内心地对黄河叫一声"母亲"。

在黄河水的滋润中，华夏人民的智慧充分被激发，创造出了令世界惊叹的伟大成就。

【设计意图：让孩子们进行地理和历史的跨学科学习，进行信息资料的整合，从概念化的认识真正转化为形象的感知，从身边的种种现实素材感悟到黄河对我们华夏民族的生存繁衍和发展息息相关，见证华夏民族对黄河的感情之深。】

三、第二篇章 文化遗迹：灿烂文明耀中华

1. 内容：文化遗址、黄河文化之最、文化传承（有关黄河的成语和传说、人民币）。

2. 试题互动内容：成语、俗语的运用。

3. 目的：了解黄河流域孕育的文明，体味黄河融进了人们的生活。

无数的骚人墨客站在黄河岸边，心情澎湃，写下了数以万计的名篇佳作，就让我们来欣赏一下。

【设计意图：进一步体会黄河流域孕育的文明已经融进了人们的日常生活。学生在历史中徜徉，丰富自己的见识，并进行语言的积累和运用。】

四、第三篇章　诗词歌赋：黄河情系民族魂

第一板块：诗词诵读

1. 内容：历代赞颂黄河的篇章。

2. 试题互动内容：诗词填空、连线、鉴赏李白《赠裴十四》。

3. 目的：黄河融进了人们的血液，用黄河倾诉自己的情感和志向。

我们在感叹"逝者如斯夫，不舍昼夜"的黄河文化，更要想到的是华夏人，是黄河人靠着一股劲儿挺起了民族的脊梁。

第二板块：《保卫黄河》

1. 内容：《保卫黄河》歌曲、诗的朗诵、创作背景、歌曲背后的故事。

2. 试题互动内容：一起朗诵谈论诗歌背后的民族精神、创作者是谁等。

3. 目的：黄河是民族的象征，中华以黄河鼓舞自己前进。

4. 黄河精神指什么？

5. 让我们面对黄河母亲，唱出心中的赞歌，朗诵《黄河颂》，配黄河图片。

黄河，伟大的母亲河，她哺育滋养了世代炎黄子孙。历史上，黄河还被称为"祸河"，你了解吗？（简单出示历史上的灾难）那人们为什么还称她为母亲河？

勇敢的华夏民族从不畏惧自然条件的恶劣，他们凭着自己的才智和坚韧，不断地与黄河斗争着，改变着它。如果没有了黄河，会怎样？

然而，令人震惊和痛心的是，我们正在让母亲哭泣，甚至会让她死去！

【设计意图：在歌曲欣赏中，在诗词诵读中，体会黄河精神的传承，了解黄河精神的内涵，为自己是黄河子孙而自豪，汲取黄河力量，鼓舞自己前进。】

五、第四篇章　忧患治理：现状堪忧急拯救

1. 黄河的现状。

黄河现在存在什么危机？小组归纳一下。

你看到这些什么心情？想说什么？

2. 面对这么严峻残酷的事实，保护黄河刻不容缓，那我们为母亲都做了

什么呢？关于黄河的治理工作，你的思考是什么？

3. 作为一名小学生，我们能为黄河母亲做些什么呢？站在黄河岸边，你又会对我们的"妈妈"说些什么呢？

4. 小组合作：请针对黄河断流和水污染这一严重的生态危机，设计一则公益广告，呼吁人们保护母亲河。广告应包括图画或照片、广告词、设计思路说明。可以用手绘，也可以利用电脑设计，力求有创意。

【设计意图：了解黄河的两面性，引导学生辩证地看待事物，激发孩子的危机意识，不仅要索取，还要知道奉献和环保。在讨论和小组活动中不仅了解了黄河的现状，积极出谋划策，发挥小主人的作用，更是一种参与、实践的运用。】

六、结篇

只要每一位中华儿女行动起来，那么，荒山变青山之时，便是黄河流碧水之日，伟大的母亲河一定能重新焕发昔日光彩！黄河，中华民族的象征，黄河，华夏精神的展现，她将和中华民族一同在新的时代焕发勃勃生机！

七、作业设置

1. 阅读余光中诗歌《黄河一掬》。

2. 请针对黄河断流和水污染这一严重的生态危机，设计一则公益广告，呼吁人们保护母亲河。（广告应包括图画或照片、广告词、设计思路说明。可以用手绘，也可以利用电脑设计，力求有创意）

【板书设计】

	历史溯源	
寻踪母亲河	文化遗迹	华夏人
	诗词歌赋	中华魂
	忧患治理	

【教学反思】

真正认识语文专题性学习活动课

语文专题性学习活动是语文学科教学与综合实践活动整合的一种新形式，是我校探索新课改的一个亮点。它以语文教材为依托，开展学习实践活动，让活动能够与学生的生活相联系，走出课堂，走向社会，拓展视野。

六年级上册有"母亲河"这一单元的教学，要让孩子们了解母亲河，还要承载着语文工具性的作用，只是几篇文章是远远不够的。为了更深切地了解母亲河，我结合学生的生活，设计了这节语文专题性学习活动课。计划之初，什么是语文专题性学习活动课？应该有哪些内容？怎样展开活动？如何体现语文学科的特点？孩子们一头雾水，不知如何下手，我也是摸着石头过河，只能参考类似的课程进行尝试。一个多月的时间中，我们不断地调整、碰撞、改进，语文专题性学习活动课的面纱被揭开。真正地走过这一遭，语文实践课的定位清晰而明确，对学生的裨益与发展也让我看到了语文实践课的必行之处。

《寻踪母亲河》这节语文专题性学习活动课后，我有了很多感悟，下面从老师和学生两个角度谈谈自己对语文活动课的认识。

一、教师的定位至关重要

一个多月的反复推翻、重来，让我知道教师就如同导演，要做什么，怎样做，直接关系着课堂的实施效果。只有统筹安排，计划周密，才能不走回头路。

1. 教师是课堂内容的把关者

专题性学习活动课是在学生充分实践活动后才能够实施，而最后的上课只是展示、汇报、总结。前期的准备过程相当重要，老师在布置工作时除了考虑到课堂的内容——上什么、选择哪些合适的材料、难易程度外，还要考虑活动任务分配的全面性，比如：活动是否能激发孩子真思维，触动学生真情感？如何融入语文元素，提高学生听说读写？是否有学生之间的互动活动，有师生之间的互动活动，激发新的提升？总之，周全的考虑会让学生活动更有目标，更有针对性，更高效。

2. 教师是学生学习的点拨者

语文专题性学习活动是一个学生主动性和创造性展现的舞台，在整个活动中学生是主人，他们自己搜集材料，组成小组，甄选内容，选择展示的形式……在这个过程中，教师要发扬民主，尊重学生的个性，让学生自己去收集资料、分析问题。在小组活动时，可让学生自由组合，利用最好的合作与交流，使不同的学生得到不同的收获。老师不能包办代替，要给他们适时的点拨，遇到困难时予以帮助，有的时候还要给与一些方法的指导。最重要的是，要一直鼓励孩子，激发他们的学习欲望。让孩子充满自信，乐于去探索去完成，才能不断完善材料内容，提高自身的水平。

3. 教师是小组活动的协调者

《义务教育语文课程标准（2011年版）》提到："语文课程必须根据学生身心发展和语文学习的特点"，"关注个体差异和不同的学习需求"，"爱护学生的好奇心、求知欲"。老师要在内容和方式上保证学生人人参与，在不断地磨合调整内容的过程中，就会有学生的任务被删改或取消，孩子会产生消极情绪，不愿意继续参与活动；或者由于任务有难度，完成有困难；或者由于个人原因没有合练的时间等，影响了整个小组的进程。老师都要细心地关注，及时了解小组的进程，发现孩子的情绪变化，在小组中进行任务的协调，帮助小组长合理高效地完成小组任务，让每一个孩子在活动中都能得到充分的尊重和认可。

二、学生是真正的受益者

忙碌的一个多月，课终于上完了，也在心中留下了一些遗憾。在我消极地觉得可以好好歇歇的时候，看到了孩子们写的课后随笔，不禁让我惊异：每一个孩子都在说好喜欢这节课。虽然有些苦和累，但在这堂课中收获了很多，突破了自己，是一次成功的体验。六年级的孩子了，不会在日记中去迎合老师。正是这样真实的反应，让我不禁思考，语文实践课对于老师来说，付出的心血要比上一节阅读课多得多，但我们的累值不值得，给孩子带来的是什么？沉下心来回顾这堂课走过的历程，恍然明白，孩子们的得意之处源自哪里。

1. 情趣的激发

寓教于乐，启智于趣，是语文专题性学习活动课的主要特征。从课堂的形式上来讲，以学生的交流展示为主，孩子们是主人，丰富的内容、新颖的展现形式、生生之间的提问、竞猜互动，一改课堂中的沉闷，吸引着孩子们的眼球。可以轻松活跃地参与，可以没有顾忌地发言提问，这就是一种情趣的激发。这些形式是外在的展现，更重要的是努力挖掘活动中的"文化蕴育点"，在生活中营造文化气息，深入发掘内容背后的思维情趣。

这堂课，不仅仅讲黄河，更多是把黄河和华夏民族息息相关、血脉交融的情感让孩子有一个真切的感受。我们不是停留在赞美黄河和华夏民族的文明瑰宝是多么伟大，更是要传承黄河魂的精髓，要有一种民族的忧患意识。这是一种思维的延伸，品位的提升。如果这节课后孩子们能在脑海中烙印下一些文化和情志上的思考，真的有兴趣再去看些什么，深入探究些什么，我想这节活动课就是成功的，也是作为老师努力后想看到的成果。

2. 素养的提升

我们看到的语文专题性学习活动课，是活动结题部分，主要形式是学生的展示与汇报，在课堂的内容中力求体现思维的碰撞和语文素养的提升。但"台上一分钟，台下十年功"，语文活动课的关键还在于活动前的准备，学生实际操作的能力，以及判断分析、综合整理和设计文稿、表达互动等多方面的能力，都是在活动的准备阶段逐步得到培养的。

在活动的过程中，孩子们浏览、搜集资料，内容涵盖了黄河的概况、神话故事、文化发展、诗词歌赋、忧患治理、音乐歌曲等诸多内容，在这么大量的阅读中，不就是在体验生活语文吗？孩子们筛选整理资料，针对一个问题深入研究找到依据，这也是语文学习的重要环节呀；孩子们完善资料，慎重写出文字稿，一遍遍地修改，这更是语文写作能力的一种体现吧；在课堂的展示环节，能在众人面前，大胆自信地演示表达，不也是每个语文老师希望自己的学生所具有的一种语文素质吗？

可以说，语文专题性学习活动课把孩子的听说读写全方位能力的提升浓缩地展现了出来，而且让每一个孩子都进行着锻炼，是对孩子语文素养全方位培养的最好基地。

3. 品性的养成

语文是人类"诗意地栖居"的精神家园。语文课程应通过优秀文化的熏陶感染，提高学生的思想道德修养和审美情趣，使他们逐步形成良好的个性和健全的人格。孩子们在课后随笔中，提到最多的词语是"成功""突破""我很棒"，让我感受到孩子在语文专题性学习活动课上收获了一种体验成功的喜悦和自信，使我感慨莫名。一个多月来的一些小画面清晰地浮现在眼前：从不发言的小牛，我一直认为他内向不善言辞，可他站在台前开口的第一句话就把我震住了——声音利落洪亮；舒扬站在门口悄悄地抹眼泪，只是为了想在小组中多争取展示的机会，让别人看得起他，以至于和妈妈练到晚上十一点；朝中为了完成小组的任务，在网上一遍遍和组员沟通，精改幻灯片熬至深夜，第二天眼睛肿肿的……

一幕幕感人的画面，让我看到了孩子们的热情和潜力，语文实践课为他们提供了展示自己才能的舞台。其实在准备的过程中，孩子们收获了更多：在小组磨合中，孩子们学会了合作，试着去理解、包容，让每一个成员都愉快地练习；在准备自己的任务中，孩子们知道了责任，每一个人都要完成好自己的任务，才不会影响大局；孩子们还发动了家长，帮助小组练习，学会了倾听，不断地改进拓宽自己惯有的模式……

就这样，孩子们在潜移默化中改变着。虽然这些品性的养成，我们日常也在强调，可远不及这一次语文专题性学习活动课来得那么明显，来得心甘情愿，这是我所没有预料到的，也是让我最感惊喜的。

三、精益求精，更进一步之处

教学是一门遗憾的艺术。这节语文专题性学习活动课后，我不由得思考，还可以怎样做，让语文实践课能更多回归学生，给学生更多的自主性和掌控权。

《寻踪母亲河》这节语文实践课，在准备过程中我有一个最大的失误，让孩子们走了很多冤枉路。为了保证课堂的新鲜感，分组后的小组准备，孩子们只知道自己小组的研究方向是什么，却不知道别的小组在做什么。为了更好地说明自己小组的话题，孩子们就尽可能多地找来依据。可汇总到我这里，却发现了很多重复的内容，小组话题就不够突出了。为此，我又重新和各个小组沟通，调整内容，让孩子们做了不少无用功。

现在想来，在分组后，应该成立一个"导演组"，可以让小组长担任，先召开"导演会"，让孩子心中有个全局观念，知道自己要完成的重点以及自己小组在整节课中所处的环节和承担的任务，这样就可以有的放矢地准备小组工作，与其他小组互通有无，找到适合自己小组的展示形式，避免雷同。

另外，给学生自主权，还得学生有能力。在语文专题性学习活动中，老师还不能一开始就全盘放手，否则就会是一盘散沙，达不到任何效果。老师在平时可以安排一些小型的演练，比如针对一个小话题，让各个小组都去准备，然后进行展示评比。在这样的活动中，孩子们对话题研究的深入性、文学性、思想性以及表达形式等方面就会有一个直观的感受，准备什么，怎么准备，如何展示才是最好的。有了这样的培养，再放手给孩子们，让孩子们去策划、去练习、去展示，才是真正有效果地给孩子们自主权，这样才是老师解放出来，作为欣赏者去感受孩子们的进步，为他们骄傲。

总之，语文实践课对学生有莫大的益处，那么作为教师，在语文综合实践活动中，必须不断拓展思维空间，探索各种行之有效的方式方法，使综合实践活动真正多元化，使学生在生活中学语文、用语文，使学生的语文能力、实践能力、合作能力都得到充分锻炼，让语文综合素养春风化雨般悄悄潜入学生的心田。

【附件】

《寻踪母亲河》导学卷

第一关：文明篇

1. 7000 年前，＿＿＿＿＿＿＿＿奏响了古老黄河文明的序曲，黄河文明的形成期主要是＿＿＿＿＿＿时期，到春秋战国时期，创造了以＿＿＿＿＿＿为代表的精神财富。

2. 你知道黄河流域有哪些古战场吗？（写出三个）

＿＿＿＿＿＿＿＿＿＿＿＿＿＿＿＿＿＿＿＿＿＿＿＿＿＿＿＿＿＿＿＿

3. 你知道中国有哪些古都吗？请画"√"。

A. 西安、洛阳、开封　B. 昆明、洛阳、北京　C. 郑州、西安、西宁

4. 黄帝姓＿＿＿＿＿＿，号＿＿＿＿＿＿氏。

第二关：诗词篇

白日依山尽，黄河入海流。	王之涣《凉州词》
九曲黄河万里沙，浪淘风簸自天涯。	王之涣《登鹳雀楼》
黄河却胜天河水，万里萦纡入汉家。	白居易《生别离》
黄河远上白云间，一片孤城万仞山。	司空图《浪淘沙》
黄河水白黄云秋，行人河边相对愁。	刘禹锡《浪淘沙》

第三关：诵读篇

领：风在吼，马在叫

合：黄河在咆哮，黄河在咆哮

领：河西山岗万丈高，河东河北高粱熟了

　　万山丛中抗日英雄真不少

　　青纱帐里游击健儿逞英豪

　　端起了长枪洋枪

　　挥动着大刀长矛

合：保卫家乡，保卫黄河，保卫华北，保卫全中国

马 *

【研究内容】

北师大版教材五年级上册中第 1 单元的主题是"马"，结合"马"这个主题，教材中选择了《天马》《古诗二首》《巩乃斯的马》这三种不同体裁的课文，了解关于马的知识，感受马文化。

【教学目标】

1. 通过自主、合作、探究的学习方式，走进马的世界。

2. 通过本次活动，增强学生搜集信息、处理信息的能力，能将课内知识和课外知识有机地整合。

3. 通过学生搜集有关马的资料活动的开展，培养学生从多角度研究问题的意识，提高学生课题研究的能力。通过活动的开展，拓展学生的文化视野，了解有关文化知识，提高人文素养。进一步认识马与人类的亲密关系，培养学生关爱动物的情感。

【教学重点】

通过本次活动，增强学生搜集信息、处理信息的能力，能将课内知识和课外知识有机地整合。

【教学难点】

通过学生搜集有关马的资料活动的开展，培养学生从多角度研究问题的意识，提高学生课题研究的能力，拓展学生的文化视野，了解有关文化知识，提高人文素养。

【教学准备】

收集与马有关的诗、词、格言、文章等，积累并练习背诵；通过不同的

---

* 该案例及教学反思的作者为吴颖。

形式收集关于马的知识和文化。

【教学过程】

一、追根溯源——识马

还记得我们学过的《巩乃斯的马》吗？让我们再重温一下马给作者带来的这种感受吧！（《巩乃斯的马》的精彩片段朗诵）通过马这个单元的学习和平常的知识积累，你们对马了解多少？你从中感悟到什么？

1. 学生先说说自己了解的马。

2. 提供一个维度表，分维度说——文字、姓氏、属相、农耕、交通工具、战争、艺术……

过渡：马奔跑速度快，充满灵性，在人类的发展史上起到了不可替代的作用。

二、人与马的关系

农耕：（配图）马在 4000 多年前被人类驯服。它不仅仅出现在广袤的草原上，更是走进了田间地头，成为了农业生产的主要动力。

交通工具：当人们发现马的奔跑速度极快以后，便有一些马成为了传递信息和运输的交通工具。

征战沙场：当战争发生，马和战士结为一体，在战场上立下无数功劳。如果没有马，秦始皇就不可能驱驭万军统天下；如果没有马，成吉思汗就不可能十万铁骑建帝国。我们学的很多古诗都提到过战马。

过渡：这些都是具体动物，那"马"这个文字为什么是这个样子？开始就是这个样子么？

【设计意图：了解人类对马的驯化过程和人与马的各维度的关系，感受它与人类的密切关系。】

三、了解有关马的文化

师出示： 同学们猜一猜，这是什么？你知道它是哪个时期的文字吗？我们就从这个字入手了解一下有关马的知识。

1. 猜一猜，以马做偏旁的字是什么意思？师出示马偏旁的字。

过渡：不仅从字中发现马与人的关系密切，从成语和歇后语中更能发现呢！

2. 成语、歇后语"大点兵"。

（1）30 秒之内，你能写出几个带有马字的成语？

（2）与同桌交流它们的意思。

（3）提出不懂的问题和大家交流。

（4）歇后语接龙（PPT）。

（5）看到这些歇后语，你有什么想法？

3. 文学作品中的马。

·关于马的故事

（1）师：马不仅仅是一个表意的符号，它还是文学作品中通人性、解人意的灵性动物。特别是一些名马，比如昭陵六骏——唐太宗李世民的六匹宝马，与李世民一起出生入死，最终都战死沙场。

（2）你还知道历史或传说中的哪些名马？它是谁的坐骑？

（3）下面请听一位同学讲一个发生在三国时期的卢马飞崖救主的故事，请认真听。

A. 听了这个故事，你有什么感受？

B. 互动交流。

C. 你还知道哪些与马有关的历史传说或故事吗？

D. 谁来说一说？

【设计意图：通过读、听、思、写的融合，让全体学生参与，训练学生信息提取与判断能力，并反馈修改，注意参与的深度。】

四、赏马

·诗歌艺术——古诗中的马

师：视觉和听觉艺术寄托着艺术家的情感，它还是诗人情感的寄托。

都可以承载作者的哪些感情呢？

分类出示：

爱国——（宋）陆游《十一月四日风雨大作》

远大抱负——（唐）杜甫《房兵曹胡马》

思乡——（元）马致远《天净沙·秋思》

意气风发——（唐）孟郊《登科后》

【设计意图：通过诗句所蕴含的不同情感，引导学生将所学的知识进行分类，感悟马的深层次的文化，感知马所表达的情感和人生哲理。】

1. 导读卷：连线，PPT出示。

2. 交流。

五、作业

• 想象表达：假如我是一匹马

假如你是一匹马，你愿意做怎样的马？（写话）

教师总结：略。

【教学反思】

与马共舞

北师大版语文教材五年级上册中的第一个单元的主题是"马"，本单元的三篇课文很具有代表性，《天马》《巩乃斯的马》以及古诗二首中的《房兵曹胡马》《马诗》是对马进行不同维度的介绍。这次活动力求拓展学生的文化视野，帮助他们了解有关文化知识，提高人文素养。进一步认识马与人类的亲密关系，培养学生关爱动物的情感。

我试图利用这次语文专题性学习活动，为学生以后研究问题和发展语文能力起到抛砖引玉的作用，让学生思维能力有所提高，认识到任何探讨和研究都有一个由浅入深的过程，语文专题性学习课程就是对语文教学的一个延伸。

一、精心准备——小组合作收集资料

当学生知道要上这节课后，他们都非常兴奋，开始利用自己的特长搜集各种关于马的资料。学生们从分散的资料中分维度进行归类，成语、谚语、俗语、绘画、文化历史……通过这些初步的归总，孩子们发现马这个主题已经不仅仅局限于文学作品当中，它的内涵非常丰富。

二、大量筛选——专家引领精挑细选指方向

大量的资料是这节综合实践活动课的一个有力的支撑，但是过于分散的内容与如何体现语文学科的特点就成了问题。组长赵乐林老师与我一起梳理了这些零散知识，按照马从被驯服开始—农耕社会—交通运输—征战沙场等方面确定了方向，但是很多的板块衔接和是否合理又出现了新的问题。这时候周校长帮助我确定板块教学着重从文学方面入手，由浅入深地认识马，让学生的思维能力有提升。她对学生思维方面提升的考虑是我备课初期没有考虑到的，也是我今后仍需提升的方面。

对于学生们精心收集而又舍弃的部分，我单独让小组同学展示汇报，这样全体同学既分享了自己小组中没有的知识，汇报的同学也在展示中提高了自己。这些被遗憾删减的内容又重新丰富了同学们的认识。

三、课堂中的"得"与"失"

(一)"得"之处

1. 参与要全面

为了使学生能够全员参与，各尽所长，我们根据教材的特点把学生分为不同的学习活动小组。

第一组：

从课文《天马》入手寻找类似的艺术作品。学生在寻找的过程中不仅要出示所搜集的图片，还要对它进行讲解，无形中提高了语言表达能力。(其中像雕刻昭陵六骏、唐三彩、马头琴、奔马图等在正式上课时被删去，但是学生的表达还是值得肯定的。)

第二组：

查找有关马的成语、谚语、俗语，体会马在汉语中的作用，以及古人的观察与发现，体会古人的智慧。有的学生把谚语、成语做成谜语的形式或者习题的形式让同学们猜。为了查找格言，有的同学翻阅了大量的书籍，或者上网查阅大量的资料，他们还要请教老师、家长来领会这些格言的含义，在此过程中又了解了很多名家名作。

第三组：

查找有关马的诗歌、文章，体会诗歌表达的不同情感、道理或者品质。在学生搜集、整理、归纳总结中，发现人们有时用马表示思念之情，有时表达爱国之情，有时又表达作者当时情境中的心态。孩子们不断地探索发现，他们不断地进行交流、切磋，碰撞出很多思想的火花，体会到语文实践活动的快乐。

第四组：

搜集有关马的文化价值，从中发现在很久以前出现了茶马古道以茶换马，说明了人们与马的关系的密切。百家姓中有马姓、十二生肖中有马等，这些马文化是从具象的马出发，进而根据马的特征加以引申，范围更广。

2. 结构的层次性

(1)本课以《巩乃斯的马》导入，朗读这篇文章中最为精彩的部分，进而导入新课。通过课前对相关知识的大量搜集与积累，可以从不同维度进行分类。

（2）从马的原始属性农耕到交通、战争这些马的动物属性入手，引入"马"这个字。教师从甲骨文、小篆、楷体这三种字形了解汉字的演变，并给学生展示《说文解字》中带有"马"偏旁的字，来补充说明马与人的关系非常密切。出示成语、歇后语增加了学生的兴趣。

（3）文学作品中的马。马不仅仅是一个表意的符号，它还是文学作品中通人性、解人意的灵性动物。例如：三国时期的卢马飞崖救主的故事。导学卷出示"宝马配名将"，要求学生通过个人思考和小组交流的方式连线，让孩子们了解到人和马之间的浓浓情感。

（4）作者常常用马来表达爱国或者思念之情，或者表达人们的品质。例如：爱国（《十一月四日风雨大作》）、远大抱负（《房兵曹胡马》）、思乡（《天净沙·秋思》）、意气风发（《登科后》）。

（5）在上面几个板块完成之后，学生对马也有了自己的认识，这时候让学生以《假如我是一匹马》为题，写一写想成为一匹什么样的马，为什么会成为这样的一匹马。

3. 尊重实践，关注动态生成

本课在"宝马配名将"这个环节中，我的 PPT 演示文稿写的是"陪"这个字，有人提醒我写错了，我也赶忙向同学强调这个字的写法，并让一个同学板书"配"字。这个时候一个同学举手说："老师，我觉得可以用'陪'字，宝马可以陪伴着名将。"这是我没有预料到的。听课老师和同学们为他精彩的发言不约而同地鼓掌。"配"可以理解为"搭配""配合"，一种人与马之间的默契。"陪"可以理解为"陪伴"，默契之外，还有随同作伴的意思，更好地说明了二者之间的关系。这一课堂生成是本节课的一个亮点。

（二）"失"之处

1. 学生的思维能力提升有限

这节课设计了独自思考、合作交流等学习方式，虽然各板块设计内容丰富，但是总的来说都是由教师一直引领，学生的思维受到了制约，没有最大程度地发挥主观能动性。板块的设计较为平均，应该是层层深入中突出重点。最后一个环节关于马的古诗，应该有选择地讲一到两处，其余部分让学生在交流中自己进行梳理和归纳，这样更能提高学生的水平，而且还应该在重点处设计提升学生思维发展的问题，经过互动交流提升水平。

例如马在生活中、在文学作品中出现的形象有多种，也寄托了多种感情，除了老师提供的，应该让学生说一说，这样可以发挥学生的思考。

2. **课堂参与度**

老师布置给学生的实践活动任务要给学生留有广阔的施展空间，发现多元的结论，展现学生不同的见解，不能在几个学生探究之后，觉得没有什么内容可供他们讨论。过于单一、太窄的活动面会让学生丧失探究的兴趣。这就造成了一部分学生积极参与，而另一部分学生只当观众。看似热热闹闹的课堂，不少学生收获不大。

龙的传人 *

【研究内容】

北师大版语文教材五年级下册中的第一个单元的主题是"龙"，本单元的三篇课文很具有代表性，《龙的传人》（说明文）、《大人们这样说》（诗歌）、《叶公好龙》（记事文言文）以及语文天地的《乐山龙舟会》（散文）对龙进行不同维度的介绍。结合本单元主题内容及本班学生的认知情况，我设计了《龙的传人》语文综合实践活动。意在通过开展这次实践活动，锻炼学生的能力，丰富学生的知识底蕴，了解有关龙的知识，从不同视角去探索龙文化。

【教学目标】

从不同角度深入了解有关龙的知识，从不同视角去探索龙文化；通过开展这次专题性学习活动，锻炼学生的能力，丰富学生的人文底蕴。

【教学重点】

从不同角度深入了解有关龙的知识，从不同视角去探索龙文化。

【教学难点】

锻炼学生的能力，丰富学生的人文底蕴。

---

* 该案例及教学反思的作者为王莉。

【教学准备】

搜集与龙相关的资料，制作自己喜欢的龙的作品。

【教学过程】

一、溯本求源，了解文化

(一)出示龙的各种图片，你能说出几个和龙有关的词语吗

（龙马精神、龙腾虎跃、笔走龙蛇、龙肝凤髓、龙驹凤雏。）

(二)初识龙颜，学习龙的起源

你们知道这么多龙的成语，那你真的了解龙吗？下面，请这几位同学为我们介绍一下。

(生)听完介绍，我们可要向大家提几个问题，看看你们能否对答如流。

1. 学生介绍龙的外表、形态、来源

生1：你们知道龙是什么样子么？据说龙集九种动物的特征于一身：角似鹿，头似牛，嘴似驴，眼似虾，耳似象，鳞似鱼，须似人，腹似蛇，足似凤。

谁知道人们为什么赋予龙这么多动物的特点？

生回答：神话传说里龙是神异动物，无所不能。能行云布雨，能大能小，能升能隐。大则兴云吐雾，小则隐介藏形；升则飞腾于天空之上，隐则潜伏于波涛之内。

生2：是啊！中国龙的各部位都有特定的寓意——突起的前额表示聪明智慧，角表示社稷和长寿，耳寓意名列魁首，眼表现威严，爪表现勇猛，眉象征英武，鼻象征宝贵，尾象征灵活，齿象征勤劳和善良。

生3：所以龙备受中国人崇敬，龙，是我们中华民族的图腾；龙，是一种带有浓厚传奇色彩的生物；龙，是人们心目中的神灵。中国人习惯把自己称为龙的传人。

教师总结：在中国人的心目中，龙是威力无比，变化万千，无所不能的，被看作是至高无上的权力的象征，以至于各朝代的皇帝都称自己是真龙天子。

2. 知识问答

问题：

(1)各朝代的皇帝都称自己是（真龙天子）。

(2)神话传说里龙是（神异动物）。

（3）中国人习惯把自己称为（龙的传人）。

连线：

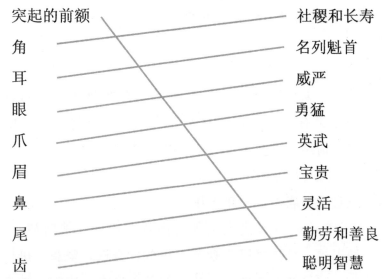

突起的前额　　　　　　　　　　社稷和长寿
角　　　　　　　　　　　　　　　名列魁首
耳　　　　　　　　　　　　　　　威严
眼　　　　　　　　　　　　　　　勇猛
爪　　　　　　　　　　　　　　　英武
眉　　　　　　　　　　　　　　　宝贵
鼻　　　　　　　　　　　　　　　灵活
尾　　　　　　　　　　　　　　　勤劳和善良
齿　　　　　　　　　　　　　　　聪明智慧

3. 你还知道哪些关于龙的故事、典故？知道它们的意义吗

生1：关于龙，民间流传着不少传说。比如黑龙江的传说。很久以前黑龙江叫白龙江，住着一条凶恶的白龙，兴风作浪，危害百姓。江边住着的老李家生了一个皮肤黝黑的胖小子，但是有条尾巴。老李砍了尾巴，黑小子变成了一条黑龙。老李追悔莫及，每天投喂馒头和肉，黑龙逐渐强壮，制服了白龙。从此江边百姓富足安定，于是这条江就改叫黑龙江。

生2：白龙鱼服。白龙，传说中白色的龙，河神，借指帝王或大官吏。鱼服：穿起鱼的外衣。白龙化为鱼在渊中游。比喻贵人隐藏身份，微服出行，也有时进一步指这样隐瞒身份，恐怕会给自己带来危险。出处：吴王想要跟百姓一起饮酒，伍子胥劝谏说："不能这样。从前白龙从天上下到清泠池，变成鱼，被渔夫豫且射中了它的眼睛。白龙向天帝告状，天帝问：'当时，你是怎么处置自己身形的？'白龙回答说：'我下到清泠池中，变成了鱼。'天帝说：'鱼本来就是渔夫所要射的，像这样，豫且有什么罪过？'那白龙是天帝豢养的珍贵动物，豫且是宋国身份低贱的奴隶，白龙不变成鱼，豫且就不敢射它。现在君王放弃国君的地位，而跟平民百姓一起饮酒，我担心将会有白龙被豫且射中一样的祸患了。"吴王这才放弃了这样的想法。

4. 观看影片，感受精神

（1）观看舞龙，畅谈感受

A. 学生：中华民族人口众多，世界上凡是有华人居住的地方，都把

"龙"作为吉祥之物，在节庆、贺喜、祝福、驱邪、祭神、庙会等期间，都有舞龙的习俗。你们想看看么？

B. 播放影片。你们看了有什么感受？

C. 学生介绍。

生1：其实，早在汉代，就有杂记记载了这样的壮观场面：为了祈雨，人们身穿各色彩衣，舞起各色大龙。渐渐地，舞龙成为了人们表达良好祝愿、祈求人寿年丰必有的形式，尤其是在喜庆的节日里，人们更是手舞长龙，宣泄着欢快的情绪。舞龙时是个大节日，舞到任何一处都会受到招待。舞龙的队伍有时一天可以吃五六次酒宴，这叫"龙换酒"。等到舞龙完毕，就将首尾烧掉，龙身送回庙内，明年再用。

生2：龙是华夏民族世世代代崇拜的图腾，它是一种精神、一种企求、一种寄托、一种祝福，是华夏民族勤劳、勇敢、奋进、坚毅、拼搏精神的象征，上下数千年，龙已经渗透到中国社会的各个方面，成为一种文化的凝聚和积淀。在老百姓的眼中，龙能行云布雨、消灾降福，而舞龙活动就象征着吉祥喜庆、欢乐幸福，它已经成为我国广大城乡喜庆佳节最具有代表性的民俗活动，同时也是目前我国推行全民健身计划、增强人民群众身心健康的重要大众体育项目之一。

(2)观看赛龙舟，感受喜悦

A. 教师提问：除了舞龙，还有什么与龙相关的活动吗？

B. 学生介绍。

生1：中国是龙舟的故乡，两千多年来的龙舟竞渡，已经成为深受广大人民群众喜爱的、形成传统的文化体育娱乐活动。特别是它和纪念伟大爱国诗人屈原结合之后，就更加富有诱人的魅力。唐朝张建封有一首《竞渡歌》写得颇有气势："鼓声三下红旗开，两龙跃出浮水来。棹影斡波飞万剑，鼓声劈浪鸣千雷。"每当龙舟竞渡之时，又有千千万万群众争睹盛况，两岸如云似蚁，万头攒集的观众，人声鼎沸，助威鼓劲，肺肠为之沸渭。诚可谓心潮逐浪，万众欢腾，加以锣鼓鞭炮喧天，更是盛况非常，蔚为壮观。

生2：赛龙舟这项富有意义的文化体育娱乐活动，之所以长盛不衰，形成传统，世代相传，主要由于它深深植根于广大人民群众之中。它不仅为汉族人喜爱，也为许多兄弟民族所喜爱，并且成为一些民族节日及文体活动中的一项重要内容。龙舟竞渡还有许多美好寓意，动人的传说。它寄寓着各族人民丰富的情感，陶冶着各族人民高尚的情操。它有益于锻炼人们的体魄，激发人们搏风击浪、急流勇进的精神，培养人们团结拼搏、齐心协力、共同配合的集体主义精神。因此它深受各族人民的厚爱。

C. 播放影片。你感受到什么？为什么要赛龙舟？

二、深入生活，感受喜爱

1. 老师过渡

从舞龙、赛龙舟这些传统活动看，龙已经深入中国人的生活了，看下图，你们发现什么？

提问：在生活中，你还在哪里见到过和龙有关的事物？

2. 含有龙的食物（放图片）

水果：龙眼、乌龙梅、火龙果。

茶：龙井茶。

面：龙须面、龙凤面。

其他：龙抄手、龙须肉、龙口粉丝、龙口火锅、龙虾、龙须酥。

3. 含有龙的地名

龙口市、龙岩市、龙泉市、龙井市、龙海市、龙山县、龙川县、龙门县、龙州县、龙江县、龙南县、龙陵县、龙游县、龙里县、龙马潭。

师提问：这些说明了什么？（人们对龙的喜爱与尊敬。）

4. 学生作品展示

同学们也制作了和龙有关的作品。（展示）

三、感知艺术，品味语言

1. 认识"龙"字

师：作为中华文化的象征，龙成为文人骚客吟咏描绘的主题。请欣赏"龙"字的书法。你发现什么？

生：这是我国各个时期的"龙"字。"龙"这个字也从最初的长鳞长虫的模样，成为了今天的汉字。

师：我们再仔细欣赏各大书法家的书法，看看王羲之、张旭（最好选语文书上大书法家的作品）的龙有什么特点。

晋·王羲之

唐·杜牧

宋·苏轼

宋·苏轼

唐·颜真卿

唐·张旭

清·康熙皇帝　　　　　　　现代·毛泽东　　　　　　　现代·鲁迅

总结：

（王羲之）平和自然，笔势委婉含蓄，遒美健秀。

（杜牧）字体姿媚，用笔劲健。

（苏轼）墨浓，下笔用力，出锋轻快，字里行间呈现出豪爽之情。

（颜真卿）下笔轻快，收笔轻巧，与苏轼的龙不同，他的龙给人一种轻快、闲雅之感。

（张旭）深得草书笔法，后来传授给了崔邈、颜真卿。

……

2. 龙的歇后语

关于龙，还有很多歇后语，你知道吗？

龙王爷打哈欠——口气不小

龙王爷亮相——张牙舞爪

龙王爷出海——兴风作浪

长坂坡里的赵子龙——单枪匹马

唱戏的穿龙袍——成不了皇帝

出得龙潭又入虎穴——祸不单行

独眼龙看书——侧目而视

大龙不吃小干鱼——看不上眼

3. 龙的诗词

展示学生收集的诗词。

学生朗诵，感受不同的思想意境，谈感受。

四、总结拓展

1. 教师总结。

2. 齐唱《龙的传人》。

3．布置作业。

作品主题：龙的传人。

要求：结合你眼中、心中龙的样子，了解北京与龙的渊源和文化，可用文章、绘画、微电影等多种形式展现你的作品，体现你要表达的思想感情。

实践时间：一个月。

【通过拓展性作业，引导学生扩大语文学习天地，走进社会，走进博物馆，生动活泼学语文，主动探究问题，解决问题。】

【教学反思】

探究中学习　感知中提升

龙作为中华文化的象征，引起了古今中外文人、艺术家的咏颂，也体现了勤劳智慧的中国人民对自由完美的向往和追求。

北师大版语文教材五年级下册中的第一个单元的主题是"龙"，本单元的三篇课文很具有代表性，对龙进行不同维度的介绍。结合本单元主题内容及本班学生的认知情况，我设计了《龙的传人》这节语文专题性学习活动课。通过开展这次专题性学习活动，力求锻炼学生的能力，丰富学生的人文底蕴，了解有关龙的知识，从不同视角去探索龙的文化。

一、自主探究，提高能力

语文专题性学习活动课目的就是让孩子自主探究，给孩子提供充分的自主参与的机会，让孩子主动实践，提高孩子学习语文的积极性。首先，我和班里不同层次的孩子进行沟通，了解孩子们的喜好和对龙感兴趣的方面。其次，让孩子们自由分组，找到和自己兴趣相投的同学，这样才能更好、更深入地进行研究学习，真正做到自己动手，亲自实践、探索、体验。最后，根据孩子们的学习内容，教师指导孩子们进行整合、归类，让孩子根据要求分层次进行汇报，而且要层层深入，提高孩子们的探究意识，让他们体会到亲自实践的趣味。我想，孩子们通过这样的训练以后，做事也会更有条理！

二、创设情境，激发兴趣

上课伊始，我给孩子们出示了有关龙的图片，一下子就吸引了孩子们的注意力，在此基础上我引导孩子们说出和龙相关的词语，丰富孩子们的词汇量，比一比看看谁积累的多，使这节语文专题性学习活动课充满浓浓的语文"味道"。让孩子在轻松的氛围中认识龙，了解龙的外表、形态、来源以及精神。在介绍过程中还穿插了一些问答题，不仅激发了孩子的兴趣，也增加了孩子交流互动的机会，培养了孩子的综合能力。强调多种感官的参与，在多层次、多角度的活动中感受语文实践活动的乐趣，感受自己作为一个中国人的自豪。在观看舞龙畅谈感受和观看龙舟感受喜悦中，孩子们很直观地了解"龙"是华夏民族世世代代所崇拜的图腾，它是一种精神、一种企求、一种寄托、一种祝福，是华夏民族勤劳、勇敢、奋进、坚毅、拼搏精神的象征。

三、主题鲜明，层层递进

整节课层次清晰，课的核心就是龙，在层次设计中，从了解开始，从日常生活着手，由浅入深，一步步深化孩子对龙文化的理解，体会其中的内涵，激发孩子对中国文化的喜爱。在课的最后环节，我让孩子们齐唱大家耳熟能详的歌曲《龙的传人》，激发了孩子们的民族自豪感，同时让龙的精神和龙的形象扎根在孩子们心里。

回顾整节课，孩子们基本达成了本课教学目标。但在研讨学习过程中，部分学生因为紧张，思维不够活跃。如果经常参与这样有意义的语文专题学习活动，我相信孩子们的潜力是无限的。

通过这节语文专题性学习活动课，我们对龙有了更进一步的了解，它不仅勇猛威武，更显现了善良、勤劳、勇敢的民族精神，它让我们的中华文化更加灿烂，更加丰富多彩。希望孩子们能在这样的课堂上获得方法，受益终生。

变　化*

【教学内容】

北师大版五年级上册第 3 单元以"变化"为主题，编排了《这儿，原来是一座村庄》《唯一的听众》《楼兰之死》三篇课文。这些课文，描述了人类社会、人和自然界的变化，引导学生探究变化的原因，观察生活中的变化，以正确的观点和态度看待今天的社会、对待自然和与人相处。

---

* 该案例及教学反思的作者为王怡。

【教学目标】

1. 锻炼学生寻求证据、交流展示、书面表达的语文能力。
2. 启发学生通过观察生活中的变化，了解社会的进步、祖国的发展。

【教学重点】

锻炼学生寻求依据、交流展示、书面表达的语文能力。

【教学难点】

引导学生探究变化的原因，观察生活中的变化，以正确的观点和态度看待今天的社会。

【教学准备】

1. 学生观察变化，用自己喜欢的形式写出作品。
2. 分组，按专题作汇报准备。
3. 多媒体课件。

【教学过程】

一、积累展示

（板书：积累）

1. 今天我们来上一节语文专题性活动课——说变化。
2. 谁能说说有关变化的词语？

教师选取其中的四个词语展示出来。

3. 词语真丰富，又来了一个挑战，谁能说说有关变化的诗句？

教师也选取其中的四句诗展示出来。

【设计意图：运用导学卷的形式，增强学生的语文积累，同时让学生感知"变化"自古就有，为后面的发现变化作出铺垫，同时体现实践活动中的学科特征。】

二、调查展示

导语：我们的生活充满了变化，只有做一个细心人、有心人，才能发现这种变化。

我们分组展示自己的调查发现。（板书：探究）这就是探究的过程。

（一）去粗取精，以小见大

1. 历史纵横发展小组展示

学生："在给大家介绍之前，先温馨提示，请大家看问题，如果谁能答对，我们有奖品哟，看看谁听得最认真，回答最准确。拿起笔，我们现在就开始啦。"

（1）奥运变化。

（2）火箭的变化。

（3）通信方式的变化。

（4）武器的变化。

让一名同学指名回答，订正答案。给回答正确的同学发奖券。

2. 你能从这四个词语中选择一个表示这种变化的词语吗？（板书：运用）我们把积累的词语运用到调查探究中，这就是运用

转危为安　天翻地覆　千变万化　瞬息万变

预设：天翻地覆。

师引导：转危为安是从危险转到安全，千变万化指的是变化很多，瞬息万变指的是变化很快。

所以天翻地覆是正确的。

请三名学生评价，老师相机引导。

师提问：我们听这三个同学介绍了他们发现的变化，他们要展现的主题是我们中华民族的发展变化，分别找到了奥运、火箭、通信方式、武器的变化，你从他们搜集、整理材料的过程感悟到什么？

预设：要选取最能体现自己观点的材料，做到精挑细选。

预设：选取一个小的方面。

在这里以一位同学为例，他最开始找了 12 页资料，筛选到 9 页，再整理筛选到 2 页。

师提升：是的，展现变化的材料浩如烟海，搜集整理材料需要我们大量阅读，不能简单堆砌材料。在动笔之前一定要以小见大，就是一个点、一个小事物、一个方面，来展现一个大的主题。

【设计意图：展现搜集整理材料的过程，引导学生在活动后回顾搜集整理的过程，知道对于材料要有所选择，明确选择材料要有针对性，去粗取

精，选取有用的材料。】

(二)选取方法，展现变化

1. **经济生活变化小组展示**

学生：同学们，请看图表，我们的生活也发生着很大的变化，谁能说说你发现了什么变化？(指名三四个同学说)下面我们生活小组就以衣、食、住、行、玩的顺序给大家说说生活的变化。

(1)服装的变化。

(2)食物的变化。

(3)住房的变化。

(4)出行的变化。

(5)玩具的变化。(互动方式：出示玩具请同学尝试玩耍)

2. **你能用表示变化的诗句表达这种变化吗**

预设：毛泽东《浪淘沙·北戴河》中的"萧瑟秋风今又是，换了人间"。

预设：《水调歌头·重上井冈山》中的"千里来寻故地，旧貌变新颜"。

它们都出自毛泽东笔下，展现了现在生活翻天覆地、日新月异的变化。

3. **请学生评价，老师相机引导**

师提问：这个小组的同学都注意到了以小见大，另外，为了展示变化，他们还做到了什么？

预设：以时间为顺序，运用了对比方法，形式不都是一样的。

我们现场采访一下：

(1)请问这位诗歌的作者，你为什么用诗歌的形式展现变化？

预设：我们语文书第三单元第一篇课文是《这儿，原来是一座村庄》，侧重变化前后的不同，体现变化原因是改革开放。我也喜欢诗歌的形式，想尝试，所以用诗歌的形式。

师提升：运用诗歌的形式来写农村的变化，展现国家政策好，农民生活蒸蒸日上。

(2)请问经济生活变化小组的各位成员，为什么要按时间顺序展现变化？

预设：我们觉得这样能更好地体现出生活一点一点地逐步变化的过程。

预设：在家中寻找变化时，爷爷、奶奶、爸爸、妈妈就是从时间上告诉我的。

师提升：展现变化最常见的形式就是时间顺序，展现前后变化的不同，因为最常见，所以更要注意自我感受的展现，增强亲切感，也会是一篇好作品。

【设计意图：在关注资料选取之后，引导学生关注资料的展示顺序，为学生写作文渗透思考方法。在写作顺序的学习上，充分利用课文，学习、讨论、效仿、交流，既知道用时间顺序，又知道为什么用这个顺序。】

(三)多种方式

1. 学生展示

(1)环境变化小组

互动形式：我们有副著名对联——"海阔凭鱼跃，天高任鸟飞"。同学们看看这些图片，请你想想，你就是这海洋中的鱼，你就是这天空中的鸟，你想说些什么？(指名两三个同学说一说)

请看我们排演的童话《天高任鸟飞》，作者：五(9)班兰晓涵。

信鸽：郭又衔，小鸟：岳文千，主人：刘东润，旁白：兰晓涵。

兰晓涵——童话

姜尚彤——环保诗歌

王泽英——节水倡议书

谁发现这个小组发现的变化与前面小组有怎样的不同？

预设：生活中的不好的变化。

师提升：是的，随着工业生产的发展，人们生活的丰富，环境成为了一个牺牲品。非常可喜的是，我们关注到了这种变化，正像刚才一位同学所提到的，我们全社会都在研制新的产品，研究代替旧的事物、旧的做法，来保护环境。这已经带来了很多环保发明(LED灯、环保汽车)、新的回归(提倡走路、骑自行车，多种树栽花)。

(2)视力变化小组

互动形式：现场调查。同学们好，我们是视力变化小组，在介绍之前，我们做个现场调查，我们全班一共多少人？——37人。请近视的同学举起手来，我们现场数一数，——20人。请看电脑屏幕，打开计算器，我们班近视率约为54%，下面请听我找到的有关近视的变化内容。

①数据展现变化。

②顺口溜。

③用《喜羊羊与灰太狼》的主题曲改变歌词来唱保护视力。

2. 学生评价，老师相机点评

师提问：发现这两个小组又有怎样的不同了吗？

预设：形式多样，有倡议书、有童话、有广告语、有诗歌。

问问我们现场的同学们，你们觉得这些形式运用得怎样？

预设：我赞赏倡议书的形式。水污染大家看不见，不被重视，倡议从身边小事做起，会有效果。

预设：我喜欢童话的形式。看了《鸟儿的侦察报告》觉得这种形式好玩。

预设：我赞同顺口溜，好听也好记。

师提升：其实，我们个人变化小组也运用了不同的形式，找到不同的变化内容。我们请他们用一句话来概括自己的变化作品的特点。

生 1（种植滴水观音）——写自己所养的植物的变化过程，自己也在不知不觉中变了。

生 2（学骑自行车）——用学骑自行车这件事展现自己的变化。

生 3（养小乌龟）——写自己养的宠物，但采取的是日记的形式。

生 4（爱劳动了）——写自己帮妈妈做家务有了前后不同的感受。

生 5（自己模样的变化）——写照片中自己模样的变化，感受妈妈的辛勤养育。

生 6（荷花的变化）——写了两天内荷花开放前后的不同样子。

【设计意图：综合实践活动沟通课内外，实现语文课堂教学和课外活动整体优化。在这里，充分展示学生作品的多种形式，以学生的个性发展为前提，为学生打开语文活动的一扇扇多彩的窗。】

(四)教师总结提升

变化有很多，我们要注意写作时采用多种形式，选材时以小见大。

我们要多积累、多探究、多运用，在这中间体现我们的成长变化。

三、课后作业

1. 完善自己的作文《变化》。

2. 把自己知道的变化说给爸爸、妈妈听。

【板书设计】

变化

积累　　探究　　运用

【教学反思】

专题性学习活动中的语文味

小学生学习语文的渠道，除去语文课堂教学，就是语文综合实践活动。其中专题性学习活动是很好的方式之一，它以体验学习和自主活动为主要形式，以学习直接经验和获取综合性信息为主要内容，以促进学生认识、情感、能力、习惯和语文综合素养统一协调发展为主要目标。抓好专题性学习，是沟通课内外联系、实现语文课堂教学和课外活动整体优化的关键。在这次活动课的准备中，我特别关注了"语文学科"的呈现。

一、内容确定，依托语文教材

专题性学习主要体现为语文知识的综合运用、听说读写能力的整体发展、书本学习与生活实践的紧密结合，所以要依托语文教材，把握好课堂方向。

北师大版语文五年级上册教材编排的专题性活动一共有三个，分别是第3单元的"变化"，第5单元的"水"，第10单元的"家园的呼唤"。其中"变化"的专题活动是让学生用发现的眼睛观察生活中的变化，记录这些变化，了解社会日新月异的前进步伐。"水"的专题活动是通过了解水、亲近水、赞美水、珍惜水等一系列活动，感受大自然，体会人类与自然应有的和谐关系。"家园的呼唤"的专题活动是通过亲近家园倾听呼唤、保护家园真情表达来写演讲稿，召开演讲会。

而我们班的学生刚刚升入五年级，五年级学生获取信息的渠道广泛，通过图书馆、网络技术等，可以使各种语文资源与现行语文教材紧密结合，拓展语文学习的内容，使语文课程更加多元化、立体化。专题性实践活动以语文教材为中心，抓住某一知识点，引导学生开展查阅文本、网上搜索等。选材时学生容易出现内容空洞的情况，与他人的合作分工也是当前孩子的弱项。

这个单元以"变化"为主题安排了三篇文章，《原来，这儿是一座村庄》运用诗歌的形式，对比的写作方法，展现了改革开放前后小村庄的"变化"。抓住小村庄这个视角展现祖国改革发展的大变化。《唯一的听众》记叙了"我"在一位老音乐家的关怀鼓励下，从拉琴像锯木头成长为在各种文艺晚会上演奏的小提琴手的变化过程，为学生们展现了个人变化的写作方法。拓展阅读《楼兰之死》又开启了由繁荣转向灭亡的楼兰变化过程，为学生开辟了新的视角——有好的变化，也会有不好的变化。单元文章给学生呈现了多视角、多内容、多方法的全面变化内容。结合学生自身情况，联系教材的解释说明，我决定选择"变化"这项专题活动内容。

二、文稿写作，提升语文能力

稿件的写作是活动的重要环节。在准备稿件过程中，学生的选材、整理和文体形式的确定，无不体现着语文能力的培养和训练。

1. 浏览搜集资料——阅读寻访，体验生活语文

综合性学习为解决与学习和生活相关的问题，利用图书馆、网络等信息渠道获取资料。让学生对自己身边的、大家共同关注的问题组织讨论。确定完主题，我们请每一位同学交流自己发现的变化。有的同学说汽车越来越舒适，有的说房子越来越宽敞，有的说我们现在经常去饭馆吃饭……学生积极踊跃地发言，我帮助他们进行了概括，像小区环境、家电、家具、衣服、零花钱这些都是属于生活方面的变化，展现了我们的生活越来越好了。除了日常生活这个方面，你还发现了什么变化？有一个同学开玩笑似的说自己长高了，我赶紧肯定，自己的变化也是一种变化，学生一下子又有了很多新的发现：自己喜欢上课发言了，自己学会了骑自行车，自己和谁谁谁又成为了好朋友，自己变得爱劳动了。有些男生思维跳跃，一下子蹦到了航空母舰的变化、神舟飞船的变化。同学们越说越带劲，思路渐渐打开。除了这些好的变化，还有一少部分同学提到了环境的恶劣变化、视力的下降等一系列不好的变化。

在每个同学都找到了自己打算写的变化后，我温馨提示，展现变化可以用图表、数字、图片等加以说明，还可以找实物、视频录像、音频录音。在查找自己确定的变化时，可以上网搜索，可以查阅书刊杂志，可以询问邻居家人。学生们就这样开始了自己的发现之旅。

一个星期后，同学们展示了自己的《变化》初稿。吕思涵写了爷爷、奶奶小时候玩的玩具，爸爸、妈妈小时候玩的玩具，还写了自己玩的玩具，特别是展示的以前的玩具实物，让大家都特别兴奋。黄雪芮写了自己回农村的外婆家，一路上看到的道路、田地、房屋的变化，附加了图片，让同学们感到特别亲切。黄博通、鲍屹、王薇涵、胡希平将从古至今的武器变化、火箭的变化、通信变化、奥运体育变化梳理了出来，特别是关于古代的资料的展示，让老师、同学们大开眼界呢！姜尚彤和兰晓涵写的空气污染、王泽英写

的海水污染、刘硕写的饮用水量大幅减少、王鼎居写的公交的变化、任毅写的轿车的变化，这些触目惊心的数据、照片以及生活实践中的例子得到了同学们的普遍好评。

2. 选择整理资料——引导思考，重返语文学习

专题活动的学习贴近现实生活，突出学习的自主性，提高对自然、社会现象与问题的认识，追求积极、健康、和谐的生活方式。为此，在选择整理资料时，我再次回归课文，引导学生对资料进行自己的独立思考。

就在同学们高高兴兴地展示自己的资料时，都渐渐地发现了一个问题：每个同学按照自己的发现去找寻资料信息，从网络查阅很多资料，数据、图片、介绍仅仅展现了变化，却没有情感，没有了核心。是啊，这次活动的主题是什么？为什么要安排这个活动？这么多的资料怎样整理选择呢？"分组！"大家不约而同地说道。

我们先把内容相同的放在一起，海水污染和水量减少放在一起，关于农村的放在一起，公交车和小轿车放在一起，结果大家发现组别还是偏多。我们再一次翻开语文书，重新阅读三单元文章，有了新的发现：两篇课文是好的变化，一篇拓展文是不好的变化。《这儿，原来是一座村庄》体现的是国家的政策好，《唯一的听众》体现的是别人的帮助使得自己提升变化，《楼兰之死》体现的是环境的变化。这三篇文章都用了对比的手法。结合课文的比较阅读，再来看我们的《变化》初稿，仅仅是变化的堆砌，没有自己的想法，没有主题的展现。

我们根据内容的主题重新分组，有历史纵横发展组、经济生活变化组、环境变化组、视力变化组、个人变化组。各组围绕自己展现的主题，把每一位同学的资料重新组合，相同相似的合并，大家一起讨论，相互听、相互说，联系我们的生活，联系我们的感受，说出你想通过变化展现怎样的情感。

一节课的时间很快就过去了，相互交流打开了大家的思路。在同学们交上来的《变化》二稿中，我感受到了他们的心动。郭又衔写的《自己相貌的变化》，他在结尾处感谢妈妈这十年来的操劳，表达了对母亲的感恩之心。胡希平写的《奥运变化》在开始处就直接提问，我们中国是怎样把"东亚病夫"的帽子扔进太平洋的。吕思涵写的《玩具的变化》中表达出自己对大家一起玩的渴望。黄博通也是在与大家沟通后修改了文章的结尾，武器的进步展现了科技的发展，却没有给世界带来和平，在几张战争图片的后面大大地写上了诗

句"苟能制侵凌，岂在多杀伤"来呼吁和平。

在看完学生的《变化》二稿后，我再次理解了教参中的那句话："思考很重要，'变化'是表象，变化的原因是我们需要汲取的经验，或是需要赞美的东西。"

3. 完善调整资料——文体选择，体现语文形式

记得在最初商量专题活动时，主管领导就提醒着我们"语文专题活动课，首先是活动课，要调动每个同学参与；语文专题活动课，更是语文课，重在体现语文学科特色"。语文专题活动课必须要体现"语文"，兼顾"活动"形式多样，怎样"鱼和熊掌兼得"呢？

体现语文学科特色的形式，适合我们五年级学生，形式多样，体现变化的主题。我们开始了一次新的讨论，梳理出五年级学习过的文体：诗歌、记叙文，我们有接触的文体：学校常用的倡议书形式、学生自小喜欢的童话形式。大家你一言我一语地还说到了表演、唱歌、写歌词，一下子有了"山穷水尽疑无路，柳暗花明又一村"的感觉。说干就干，我们再一次小组活动，商量着怎样充分运用语文形式。

经济生活变化组仿照《这儿，原来是一座村庄》写了诗歌《农村的变化》。环境变化组结合雾霾现状写了童话《天高任鸟飞》，并编排成为表演剧。参与的同学感受到了。为了表演，剧本被不断地修改。表演是文学作品的再创造。为了能引起大家的重视，其中的水污染内容组重新组材，放弃了之前搜集整理的材料，重新写了一份《节水倡议书》。虽然水的变化不再是文章的重点，但正是感受到了水的变化才更感觉"倡议书"这种形式的必要。让同学们感到轻松活泼的是视力变化组，他们根据小学生保护视力的方法编写了"顺口溜"，还改编了《喜羊羊与灰太狼》主题曲，带着大家演唱《爱眼歌》。历史纵横发展组的内容是"奥运""火箭""通信方式""武器"从古至今的变化，因为受到知识这一形式的约束，为了调动积极性，选用了"导学卷——答题"的形式，认真听报告内容后，划掉不正确的答案，答对者获得奖券一张。经济生活变化组选用了"实物展示"，他们选的实物很有特色，是祖辈的玩具——羊拐——一副羊的膝盖骨。在寻找这个玩具时还做了一份《寻物启事》，一个同学把自己的珍爱——过世了的爷爷留给自己的遗物羊拐带来。还有一个同学让爸爸、妈妈带自己去吃烤羊腿，特意让厨师给自己留下羊拐。

凸显语文学科特色的文体形式的选择，虽然带来了很多的困难甚至是推

翻重来，却也让我们感受到了生活的另一番乐趣。

三、积累运用，展示语文应用

语文课程应注重引导学生多读书、多积累，重视语言文字运用的实践，在实践中领悟文化内涵和语文应用规律。语文专题活动课，这是我从未接触的课型。在最初看这类课型资料时，发现有很多的成语、诗句、短文的训练。为此我也找了大量的关于变化的词语、诗句，让学生们做语文积累。

为了体现语文特色，我在第一个环节展现学生积累的关于变化的词语和诗句。这一点不难做到。词语的积累与运用是两个不同的层次。把积累的词语或是诗句能够在活动课上运用起来，这也是体现语文味儿的途径。在历史纵横发展组和经济生活变化组发言之后，我安排了运用的环节："你能用关于变化的一个词语来概括我们中华民族的这种发展变化吗？""你能用一句诗来说说我们的生活发生了怎样的变化？"

中华民族语言文字浩如烟海，选择词语进行概括学生曾经接触过，但是选择诗句的确是个难题。给学生适宜的难度，让学生关注词义辨析，最后在学生说出积累的词语时，有目的地把其中"转危为安""天翻地覆""千变万化""瞬息万变"四个词语贴在黑板上。当历史纵横发展组发言完毕后，让学生选择词语概括这种变化。学生能够比较容易地选出"天翻地覆"这个词语。这时老师再追问："谁能说说这几个词语有什么不同？"以此巩固学生对词语的进一步理解辨析。活动课的语文味儿在展示积累、学习运用中再次体现出来。

四、板书总结，体现语文方法

板书往往是一节课重点的凝练。活动课的板书内容也是能体现语文味儿的。第一环节是积累展示，第二环节是调查展示，在调查展示中主要体现学生搜集整理的资料信息，并尝试运用词语、诗句进行概括。所以在板书中我写出了"积累""探究""运用"这三个学生的活动内容。在探究这块内容中，一共有四个组作发言展示。历史纵横发展组的展示主要想让大家明白，展现大的主题可以抓住细小的事物；经济生活变化组的展示想提醒大家运用比较的方法，运用时间顺序；环境变化组、视力变化组和个人变化组给大家展示了诗歌、顺口溜、倡议书、歌曲改编、童话表演、日记等不同的形式。所以在探究的旁边安排板书"以小见大""对比手法""形式多样"。这样在学生发言的基础上，概括归纳出学生运用到的方法，展示给所有同学，提醒同学们写作文时可以运用。

五、交流点拨，体现语文深度

课堂的提升点拨，应该体现语文学习的深度。有一位学生在讲述汽车工业的发展变化时，仅仅谈到变化过程而没有想到由汽车的变化导致的交通堵塞、小区环境混乱、马路边乱停车等社会现象，没有自己的独立思考。我没有能够进行及时有效的点拨提升。课后反思时感觉自己把目光只放在了展现内容不同、文体形式多样、选择运用方法这些方面，没有关注到学生对事物变化后的独立思考。也可以说，把语文学科特色的展现停留在了选材的以小见大、方法的对比运用、形式的多种多样这三个方面，对语文学科的展现是表层的，有些只是往语文学科上去靠拢，没有关注"变化"的深层次，即变化对人们生活、社会发展、世界更迭的影响。对于变化，仅仅是为了展现变化而说变化，思想的狭隘，导致对于没有写出独立思考的文章缺乏进一步深入指导，以致在与学生的交流时缺乏深刻性。

学生的交流也是这节语文活动课的薄弱环节。在这次语文活动课中，我注意到了调动学生积极性，经济生活变化小组专门找来"嘎拉哈"——羊拐来让学生猜猜玩的方法，历史纵横发展组因为涉及很多知识，设计了有奖问答的交流互动环节，但在这热闹的互动之外，我忽略了"变化"课题本身的交流。历史纵横发展组的发言中说到由武器想到"苟能制侵凌，岂在多杀伤"，这种对世界和平的维护，我当时应该及时询问同学这篇《变化》有怎样的启示，引导学生交流时要关注变化现象背后的思考。经济生活变化组的发言中提到食品安全问题，这是社会问题，在这里，我可以引导学生思考怎样来改变这种现状，也可以让学生直接交流互动，展开一两分钟的小型讨论。教师的引领表现在所有的细节中，在原有基础上进一步走下去，引导学生学会思考，独立思考。还应该在平时的课堂中，培养学生的对方意识。比如发言时能环顾四周，在表达自己想法观点的同时，不忘记与同学交流。可以是目光上的交流，也可以询问同学们的意见。班上其他同学可以用笔记记录的形式，可以是对投影内容、颜色、样式等各个方面进行交流互动。让每一个孩子都有事情可以做，让学生在交流互动中得到提升。

梅香梅骨亦有情[*]

【研究内容】

北师大版教材六年级上册第 8 单元"岁寒三友"。本单元的三篇主体课文为诗画欣赏，三篇拓展阅读题材聚焦松、竹、梅，写作角度各不相同。教材综合活动的设计一方面加深感受岁寒三友的风骨和品格，另一方面为学生提供展示才能的平台。本专题活动侧重梅花，在活动中感受梅花之美；感受人们对梅花的喜爱，积累诗词，提高审美情趣；感悟梅的文化意味、民族精神的寄托。

【教学目标】

1. 通过自主、合作、探究的学习方式，了解我国的梅文化及内涵。
2. 通过本次活动，提升学生搜集信息、处理信息的能力；能将课内知识和课外知识有机地整合。引导学生感受梅花之美；感受人们对梅花的喜爱，积累诗词，提高审美情趣；感悟梅的文化意味、民族精神的寄托。

【教学重点】

通过本次活动，提升学生搜集信息、处理信息的能力，能将课内知识和课外知识有机地整合。

【教学难点】

引导学生感受梅花之美；感受人们对梅花的喜爱，积累诗词，提高审美情趣；感悟梅的文化意味、民族精神的寄托。

【教学准备】

收集与梅有关的图文、音乐等，积累并练习背诵；通过不同的形式收集

---

* 该案例及教学反思的作者为贾雪芳。

关于梅与人关系的趣事。

【教学过程】

一、创设情境，感受梅之美

1. 出示梅花图，你有什么感受？这梅花图让我们领略到梅花曼妙的身姿，可以用哪些词语来形容梅花之美？

2. 生发言后，师分类：姿态之美、风骨之美、品格之美，学生积累。

3. 深层思考：这就是梅之韵。一直以来，就有人提议将梅花定为国花，你同意吗？试着说说理由。带着思考深入探究梅与人的关系。

【教学意图：视觉效果能较强地激发学生的审美感受，引发学习兴趣。有条理地积累赞美梅花的词语。激发深层思考，探究梅花在中国的文化及内涵的愿望。】

二、梅花诗词，积累提升

1. 介绍一首自己最喜欢的梅花诗词。

看，这些梅花诗词，融进了作者的情感，或赞美友情，或表达思念，或阐明哲理，让梅花的内涵更丰富了，也让梅花成了人们生活中的一部分，一种表达情感的方式。

2. 考考你。梅花诗仙（导学卷）。

(1)组内展示，背诵梅花的诗词。

(2)咏颂梅花的诗词，连线接上下句（PPT，10句左右）。

(3)积累一句你最喜欢的梅花诗，写写理由。

【教学意图：小组合作，完成梅花诗，及时积累，潜移默化领悟到梅花反映人们的情感，是一种方式，也是一种写作手法，是人们爱梅花的原因之一。】

三、梅如其人，感受梅之品格

梅是美丽的象征，从含章殿檐下公主额头的梅花妆，到大观园里宝琴身边"如胭脂一般，映着雪色"的十数枝红梅，无不体现出中国人特有的审美观。

1. 欣赏一组王冕的墨梅图，讲解王冕爱梅的故事。

2. 讲述和梅有关的人、事——林和靖、梅兰芳。

3. 品读《卜算子·咏梅》（陆游和毛泽东）。

同是咏梅，采用相同的词牌，你们发现有什么异同？

交流中发现品诗方法：从诗中词语感受情绪，联系作者背景感受品格和情怀……

4. 师小结：梅如其人，梅花被赋予了很多品质和性格，这是人们对美好的一种向往。很多人也以梅自诩，来表达对自己的告诫和人生的追求。

【教学意图：在欣赏中感受梅的品质、诗词的魅力，思考人与梅的关系，人们为何偏爱梅花？】

四、结合历史，了解梅文化

梅花到底与人们有怎样息息相关的联系呢？让我们结合历史，了解梅在中国的文化之旅。

1. 阅读分享，学生自读梅文化的发展，圈画重点。

2. 小测试（导学卷）。

（1）岁寒三友指：_____，花中四君子指：_____。

（2）根据考古发现，梅树在中国的栽培或应用历史已在_____年以上。"民以食为天"，在远古时代，人们种植梅树的目的是_____之用。

（3）宋武帝之女寿阳公主日卧于含章殿檐下，梅花落于额上，拂之不去，号梅花妆，宫人皆效之。自此以后梅花被称为_____，梅花图案也开始用于美化人们的生活。

《梅花落》一诗中对梅花"霜中能作花，露中能作实"不惧严寒的品格大加赞赏。从此梅花成为_____的代名词。

（4）梅，古代又称_____，以为吉庆的象征。又说梅五瓣象征和平。

【教学意图：在阅读自悟中，培养学生提取信息的能力，增长梅文化的知识，了解梅在中国的发展。】

五、梅花情怀中华魂

1. 对答。

我们用这样的诗句表达思念之情——

我们用这样的诗句赞美人的品格——

我们用这样的名言激励自己前进——

2. 齐读《梅花魂》中的段落。

这梅是纯洁坚强，这梅是铮铮铁骨，这梅是浓浓乡愁，这梅就是华夏儿女的中华情，它是民族之花，民族之魂。

六、探究拓展议国花

1. 小结：梅与人们的生活息息相关，融进了人们的情感与审美。小组整理，简要概括出推荐梅为国花的各项理由。

2. 配乐《梅花三弄》。

梅已渗入我们的生活和灵魂中，你对梅一定又有了更多的了解，用你的笔表达对梅花的喜爱，为支持梅花为国花提出倡议。

【教学意图：结合资料练笔，更好地帮孩子梳理提炼重点内容，用语言去表达，抒发自己的情感，去打动别人。】

3. 布置作业。

(1)整理有关梅的成语或者诗词、文章，注重积累。

(2)关注梅文化，选择一个方面做一张小报与大家分享。

【板书设计】

梅香梅骨亦有情

梅之韵

人之品

民之魂

【教学反思】

给学生搭建语文学习的支架

语文专题性活动在翠微小学已经有了两年的历程。每一次听课，都觉得它如一剂催化剂，使课程发生了质的变化，使教师有了创造的新空间，让孩子们走出了封闭的课堂，在广阔的天地里实践、探索、体验、创造。这学期，我有幸上了这次专题性学习活动课，看到了学生学习的积极性，他们的能力和成长，真实感受到，这样的课堂，学生的收益更多。

一、在设计和实施中，力争让语文的"味道"贯穿全课

这堂课中，我不仅仅满足于对梅花的认识，诗词的积累，而是在课堂中注重语文能力和情感的深层体验。全课以梅花图引入，唤醒学生内心的喜爱，带着问题去探究"梅花能成为国花吗"，然后一步步引领学生从诗词中感悟人们的情感，从诗词中品味作者品格，从诗文中感受中华情结，从历史的

厚重中领略梅与人的交融。梅已是一种文化，梅已是一种象征，它与人们的生活息息相关。在课程的尾声，让孩子们根据课堂的学习交流，总结梅花成为国花的理由，这是一次语文学习整理归纳的过程；用自己的笔抒发对梅的热爱，有针对性地写出宣传词，又是一种综合能力的提升。

梅花的内涵是整堂课的核心，在各层次的设计上，我都围绕这样的一条线：梅之韵—人之品—民之魂，层层深入，激发孩子们心中的共鸣。在朗读中、积累中、赏析中，感悟梅花的品性与中国人的骨气，把梅的精神扎根在心底。另外，在课堂中，注重语文学习的方法，渗透诗词的对仗，掌握赏析诗词的方法，力求让整堂课萦绕着浓浓的诗词味道，满满的梅花情怀。

二、在活动中，孩子们是学习的主人，凸显参与的主动性和深入性

这堂专题性学习活动课力争给学生提供充分的学习自由，以及各种自主参与活动的条件，让学生主动实践、亲身体验。强调一切有利于调动学生积极性和探索欲望的活动形式，强调多种感官的参与，活动形式丰富多彩，注重引导学生进行自主探究、发现，从不同的角度发现问题并作出结论。在组织形式上，既有个人活动，也有小组活动。总之，在多层次、多渠道的活动方式中，把创新的机会交给学生。

孩子们自由组合小组，设计以梅为名字的组标，搜集梅花的诗词、梅文化的文章，经过筛选重组，做成幻灯片，在小组内交流，收到很好的效果。孩子们制成幻灯片，不仅有准确的格式和内容，还有相应的配图；而且在课堂上，孩子们还提出了许多小的问题。小组的合作学习，增强了互动，培养了孩子们的综合能力。

在课堂中，看到学生落落大方的站姿，声情并茂的诵读，专注认真的倾听，积极主动的讨论，这不正是我们追求的语文课堂吗？学有乐趣，学有目标，学有思考。这样的课堂，帮助孩子掌握了学习的方法，提供了更广阔的学习平台，为孩子们搭建了真正学习的支架。

一堂课后，总有遗憾，整堂课想要实现的内容过多，造成环节的激进，落实不够深入。情感线营造了很好的氛围，相应对于孩子语文方法上的指导显得简单，没有一两次的回环过程，这都是需要我再次修改时思考的。

走进经典书籍 *

【研究内容】

北师大版五年级下册第 2 单元"书"。

北师大版语文教材在每个语文天地里都安排一到两篇拓展阅读课文，阅读对孩子学习语文是非常重要的一件事。《义务教育语文课程标准(2011 年版)》明确规定，应逐步培养学生探究性阅读和创造性阅读的能力，"提倡多角度、有创意的阅读。"要使学生"能较熟练地运用略读和浏览的方法，扩大阅读范围"，拓展自己的视野。因此，语文教师必须通过适当的教学策略，拓展语文学习和运用的空间，带领孩子们阅读经典，并予以引导。

【教学目标】

1. 通过自主、合作、探究的学习方式，激发学生阅读兴趣，体会阅读的乐趣。

2. 引导学生有选择地阅读，并能在阅读后积累收获，与同学分享感受。积累好词好段，体会作者传达给我们的道理。培养学生对经典书籍的热爱，从而走进更广阔的阅读天地，汲取书中营养。

【教学重点】

通过自主、合作、探究的学习方式，激发学生阅读兴趣，体会阅读的乐趣。

【教学难点】

引导学生有选择地阅读，并能在阅读后积累收获，与同学分享感受，培养学生对经典书籍的热爱，从而走进更广阔的阅读天地，汲取书中营养。

---

* 该案例及教学反思的作者为马春红。

【教学准备】

教师：通过课前调查表了解本班学生阅读情况。制作本班阅读统计图。确定孩子们都比较喜欢的两本书在课上进行交流。

学生：准备自己要交流的书中的内容，选自己喜欢的一本书的内容制作书签。

【教学过程】

一、创设情境引发思考

1. 了解世界上各国的读书情况。

2011 年最新统计：韩国 11 本、法国 20 本、日本 40 本、中国 4.3 本。

【设计意图：通过数字了解世界各国的读书情况，激发孩子的好奇心。】

2. 开展读书微调查：了解班级的读书情况。

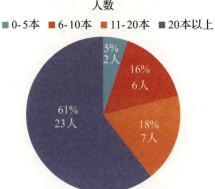

【设计意图：通过课前读书调查，了解学生的阅读情况，并用饼图反馈给学生。激发学生阅读的兴趣，注意了参与的深度和广度。】

师总结：略。

二、走近阅读，趣味猜书名

1. 出示内容，猜猜书名。

A. 出示书中主要内容。

小说讲述的是一个英国的水手因船沉而流落到了无人的荒岛，在无路可走的情况下，他开始想办法自救——做木筏、造房子、种粮食、养牲畜……竭力投入到与大自然的抗争中去。他靠自己的双手，凭着自己的智慧，花了几十年的时间把这个荒岛变成了"世外桃源"，还勇敢地救了一个野人"星期五"，和他共同生活，最终离开了荒岛……这本书是《_____》。

B. 出示书中精彩小故事。

赤壁之战   群英会   蒋干盗书   草船借箭   苦肉计   借东风

这本书是《_____》。

2. 填写读书报告单。

书名	作者	最喜欢的人物	积分
《鲁滨逊漂流记》			
《居里夫人》			
《西游记》			
《三国演义》			
《水浒传》			
《聊斋志异》			

【设计意图：通过读书报告单这种学习方式，让全体学生参与到猜书名的活动中，关注了学生参与的广度和深度。】

三、走进阅读，感受阅读之趣

1. 阅读共鸣：同学们，在你阅读的所有作品中，哪部作品深深地打动了你的心？请简单说明原因。

生：自由发言。（把阅读的深度和广度落到实处）

【设计意图：此处问题关注了学生阅读的深度，让学生与书中人物产生共鸣，在集体交流中达到资源共享。】

2. 共读交流：《狼王梦》《鲁滨逊漂流记》。

（1）《狼王梦》

A. 狼的母爱

读了这本书，你对狼有什么认识？（整体感知，全体参与，聚焦此书）

预设：狼很凶残；狼有母爱；狼生存能力强等。（从不同方面谈自己的感受）

【设计意图：从不同方面加强学生阅读的深度和广度。】

B. 狼的本性

总结：狼要生存，它必然在残酷的大自然中依靠自己的力量，很凶残，但是它也饱含情感，有时候甚至超越人。

【设计意图：通过共读交流，让学生通过一本书，感受到动物和植物，甚至水都是有感情的。因此我们应该敬畏自然、敬畏生命。】

(2)《鲁滨逊漂流记》

A. 永不放弃的精神

故事 1：略。（这件事对你的激励是什么？请你谈谈）

故事 2：略。（通过这个故事，你从中感受到了什么？请大家谈一谈）

B. 求生的意志

C. 读后感

四、资源共享

38 位同学每人制作一个书签。奖励回答对的、参与表演和展示的同学。随时奖励。

【设计意图：通过献书签让孩子感受到阅读的乐趣，激发学生的阅读兴趣，将读书与动手、读书与分享有机结合，让学生体验到语文的趣味。】

五、总结拓展

推荐优秀书籍的阅读，并布置交流作业，提出具体要求。

1. 推荐阅读《重返狼群》。

交流作业：你希望这条狼重返狼群吗？为什么？

2. 推荐阅读《汤姆叔叔的小屋》。

交流作业：你喜欢汤姆叔叔吗？为什么？

总结：书是我们永远的精神食粮，请选一本好书，让它陪伴我们一生。

【设计意图：进一步扩大学生阅读范围，了解国外通俗易懂、有趣的书籍，明白人生道理；鼓励有能力有兴趣的学生留下读书批注，展开想象，写读书笔记。】

【教学反思】

《走进经典书籍》语文综合实践课教学反思

开展语文专题性学习活动是提高学生语文素养的重要手段之一。好的语文综合性学习活动可以帮助学生积累知识、归纳重点、扩大语文视野、提高语文运用的能力、培养学生的创新思维等。在周校长和本组老师的精心指导与帮助下，五年级两节专题性学习活动课，在学校做了展示，得到了校领导和老师们的肯定。我和同学们一起上了《走进经典书籍》语文专题性学习活动课。针对本节课，我有如下反思。

1. 语文专题性学习活动要有充足的时间作为保证

这里的时间不是指课内的时间，而是指学生课外用于查找资料、相互讨论、总结反思的时间。因为综合性学习的最终指向不是某种知识的达成度，而是活动的实施过程。所以，要使专题性学习达成好的效果，就应该在过程中下大功夫，让学生有充裕的课余时间反复阅读、思考、记述、讨论，落实每个环节。我在上学期末就着手构思，在寒假期间让孩子们进行了充分的准备。

2. 语文专题性学习活动面向全体学生，关照个别差异

专题性活动倡导的是自主、合作、探究的学习方式，它是向全体学生提出的，而不是只针对部分优秀学生。因此，教师在本节课上，有意识地为每一个学生提供参与探究活动的机会，让每一个学生都能感受到探究的艰辛和成功的喜悦。当然，对于某些有特殊困难的学生和有特殊才能的学生，应该考虑在适当时机给予他们恰当的学习任务。通过本节专题性活动课，学生们的朗读得到了充分展示。学生所在的自由组合小组，抓住了书中的主旨——敬畏生命，面对苦难，要学习鲁滨逊永不放弃的精神。从而明白要与书为伴，书是人类进步的精神食粮！

3. 语文专题性学习活动妥善处理教师指导和学生自主的关系

本节活动课我避免了两点：一是教师过多参与到学生的活动中，替学生分组，替学生选择论题，替学生拟定活动提纲等；二是教师把自己定位为一个旁观者，或者是节目主持人，基本不给学生提供建设性意见，不指出学生的偏差和错误，不控制活动的发展节奏。

开展语文专题性学习活动，是让学生通过活动掌握某一类型的语文知识和技能，进而培养学生的创造性思维。所以，学生必须是活动的主体。活动应该是自下（学生）而上（教师）的。由教师设计出的专题性学习活动，尽管有的可以利用学生来实践，也是不足取的，因为它背离了学生的主体活动，把学生推到被动接受的位置。因此，应该特别强调语文专题性学习活动必须是学生直接参与的活动，教师可以进行适时的、必要的、谨慎的、有效的指导，不能过度参与。

4. 语文专题性学习活动要时刻把握语文学科的基础知识和基本能力

专题性学习有许多跨学科的内容，这些其他学科知识介入的根本目的是

拓宽语文学习和运用的领域，使学生在不同内容和不同方法的交叉中开阔视野，初步获得现代社会所需要的语文实践能力，最终指向仍旧是语文本身，所以教师在指导过程中，应该时刻把握语文学科的基础知识和基本能力，以培养学生的听说读写能力为重点，而不能舍本求末，越俎代庖。

总而言之，语文专题性学习活动给传统的语文学习输入新鲜的血液，在活动中培养学生的观察感受能力、组织策划能力、互助合作和团队精神等，成为全面提高学生语文素养，培养学生主动探究、团结合作、勇于创新精神的重要途径。因此，作为语文教师，一方面，我们主要应该从语文知识的综合运用、各方面能力的整体提高、语文课程与其他课程的沟通、书本知识与实践活动的结合等方面来指导学生进行语文综合性学习。另一方面，我们要进一步利用、建设、开发现实生活中的语文教育资源，创设良好的学习环境，关心学生，激励学生，引导学生开展丰富多彩的语文专题性学习活动，使他们在广阔的空间里学语文、用语文，在活动中提高语文素养。

【附件】

读书汇报单

一、写出作者和你喜欢的人物

书名	作者	最喜欢的人物	积分
《鲁滨逊漂流记》			
《居里夫人》			
《西游记》			
《三国演义》			
《水浒传》			
《聊斋志异》			

二、看了这段文字，你想用哪个词语来形容这只猴

那猴在山中，却会行走跳跃，食草木，饮涧泉，采山花，觅树果；与狼虫为伴，虎豹为群，獐鹿为友，猕猿为亲；夜宿石崖之下，朝游峰洞之中。真是"山中无甲子，寒尽不知年。"

这是一只怎样的猴？＿＿＿＿＿＿＿＿＿＿＿＿

三、你还能写出这两本名著中的小故事吗

赤壁之战　　群英会　　草船借箭

武松打虎　　醉打蒋门神　　林教头风雪山神庙

我还知道这两本名著中的小故事：

第一本				
第二本				

四、通过这节课的学习，你最大的收获是： _____

_____

_____

后记

　　语文的世界，是一个美的梦幻的世界：美的景，美的人，美的物，美的情；思想的美，智慧的美，崇高的美……语文专题性学习活动课正是将世界上最美的东西用各种方式呈现出来，孩子们的思想将在学习的过程中得到净化和升华，他们的心灵也会接受美的熏陶并放射出美的光彩！

　　历时多年，我和一线教师们一同研究、一同磨课，逐渐摸索出一条"语文专题性学习活动课"的新路，并以此带动教师教学行为的转变，将教师由教材的复制者、传送者转变为教材的运用者、开发者、创造者！课堂上，孩子们或挥毫泼墨、转轴拨弦，或旁征博引、纵论古今，或即席成诵、各抒情怀……充分展示了自己全面的语文素养、综合实践能力和创新精神。海淀区教科所张干平老师在听过我们的课后深有感触地说，翠微小学的语文专题性学习活动课已经走在海淀区最前沿！

　　成功的背后又凝聚了老师们多少汗水与智慧。每一个细节，包括查阅资料、设计活动方案，活动的组织和推进，方案的实施和调整，成果的提炼和展示等都经过反复推敲与揣摩。记得秋生老师的一句玩笑话听得令人心酸："我的修改稿如果装订在一起都可以'出书'了。"是啊，如果这些辛苦的付出，课堂上那些精彩的瞬间不存留下来，那么随着时间的推移便会淡忘。我决定将几年来老师们的研究成果通过课例的形式编辑成书，把经验和思考与教育界同仁分享；让困惑和问题进一步促进每位教师深入研究；让课题研究与课程改革形成合力，更有力地促进课堂教学的改进；让师生共同成为演绎课堂生命华彩乐章的主角！于是，这本《小学语文专题性学习活动课程课例研究》的编著便提到日程。

在编写此书的过程中，编写组的成员开了几次讨论会确定编写主旨和编写框架。每位教师对所撰写的课例几易其稿，课例反思更是有理有据，高屋建瓴。这些内容详实、角度新颖、富有实效的课例凝结了老师们的实践与反思，传达着一线教师的声音，是一线教师教学活动的真实写照，是课堂教学组织活动、场景的生动再现。

当然，课例中还有很多不尽人意的地方，因为我们的研究始终是一个过程，是过程就必定会产生问题。如在课程资源的开发与利用上，无论广度还是深度都存在不足；在保证"语文味"的基础上，如何更加有效地促进各科课程资源的整合，还应该深入思考；如何加强课内阅读教学与综合性学习活动的联系，达到课堂内外的融合统一；如何使信息技术更加有效地应用于综合实践活动；如何更好地处理学生的自主选择、主动实践与教师的有效指导之间的关系……所有这些都显示，我们的语文专题性学习活动课研究之路漫漫修远，仍需上下而求索。

"语文专题性学习活动"作为新课程的一个创新点，被一线老师称为语文教学尚在开垦的处女地上一道亮丽的风景。其"亮丽"之处，一是在于它"语文味"的绵长，二是在于它"综合"特点的彰显，三是在于它"实践"体验的丰硕，而三者的共同生成才是其至上的境界。我们要浇艳语文教学中的这朵奇葩，让"语文专题性学习活动"根植于"语文"，盛开于"综合"，收获于"实践"！

"他山之石，可以攻玉"。我们以此书作为与同行读者交流的平台，努力实现"得失共分享，迷茫共探究，疑义相与析，发展共携手"的宗旨，同时也诚恳希望广大一线教师、专家，提出宝贵意见和建议。

周金萍